SHODENSHA
SHINSHO

子」は人を強くする

協

祥伝社新書

亜聖孟子像（寛永二十癸未孟春刊　聖賢像賛）

まえがき

　終戦以来、現代の日本ほど行き詰まった状態はないだろう。経済格差の拡大・家庭の崩壊・大量自殺者・建築から食品におよぶ偽装・振り込め詐欺・通り魔による無差別大量殺人と目を覆いたくなる事件が後を絶たない。それを正すべき教員や役人から警察までもがモラル崩壊をきたし、政府は後期高齢者医療制度に象徴されるように国民の不安を生み出す政策をゴリ押しし、政治家は党利党略に奔走して何ら未来のビジョンを示せないでいる。

　手の打ちようのない状況は日本にとどまらない。戦争・テロ・災害・地球温暖化―そうした惨状を前にして各国は共通認識さえ持てないでいる有り様だ。世界中の人々がこれほど希望を失い、漂流状態に置かれている時代は人類史上なかったといってよいほどだ。一九九一年にソビエト連邦が崩壊して米国の軍事および資本主義体制の圧倒的優位が印象づけられた時、米国では「これで人類の歴史はアメリカ流の自由が勝利を得て終焉《しゅうえん》した」と宣言する書物まで現われたが、その後の世界は「歴史の終焉」どころか「歴史の出発点」＝原始に舞い戻ったに等しい混沌状態におちいっている。

こうした現状を打破する方法はないのだろうか。それが、あるのだ。その方法を示しているのが『孟子』である。二三〇〇年も前に書かれた書物が二一世紀に役立つわけがないと疑う者は、『孟子』の書かれた時代と現代が酷似している点と、『孟子』が中国で王朝が立ち行かなくなった際に必ず再評価されて新たな王朝を誕生させてきたこと、日本でも明治維新を生み出す原動力となった思想であることを思い起こしてみるとよいだろう。

孟子が唱えた政策は小国の滕《とう》で実施され、他国の政治家や思想家が視察にやってくるほどの成果を上げてもいたのだ。ただ、すでに孟子は高齢だったためか永く滕に留まることができず、その結果、『孟子』の思想は完全な形で実施されたことはなかった。つまり、『孟子』の思想はいわば手つかずのままに残されている人類再生の最後の切り札とも言えるのだ。少なくとも『孟子』ほど読む者にパワーを与えてくれる書物はないだろう。その思想を「Q&A」方式でまとめたのが本書である。本書の原稿は二〇〇七年五月に書かれて内輪で回覧されていたが、二〇〇八年六月八日に秋葉原で起きた非正規雇用の若者による無差別殺傷事件を機に出版を決意したものである。

二〇〇八年八月三十日

著者識

目次

第三章 社会と関《かか》わる―君が社会の主人公だ―

第四章　政治を正《ただ》す――王道政治の実現――

第五章　世界を和《わ》す――世界平和への道――

序章　今なぜ『孟子』か？

つまみ食いされた思想　明治維新を生みだしたのは『孟子』である。幕末に真っ先に反幕の声を上げたのは長州藩の中・下級武士だったが、彼等の多くは私塾「松下村塾」の出身者だった。松下村塾では吉田松陰が教鞭をとっており、松陰が「尊皇愛国」「反徳川政権」の主張の拠り所にしたのが『孟子』である。

『孟子』は、中国や日本で支配階層の必読書とされていた四書五経《ししょごきょう》（『大学』『論語』『孟子』『中庸』と、『易経』『書経』『詩経』『礼記《らいき》』『春秋』）の中で、唯一革命を是認している書物であり、そのため微妙な立場に置かれていた。

徳川時代に武士階級の教養書としてもっとも広く読まれていたのは『論語』だが、『論語』は安定した階層社会の確立を唱えており、体制側にとって子弟を教育するには絶好の教科書だった。そもそもそうした目的で前漢の武帝の時代に学者の董仲舒《とうちゅうじょ》が『論語』を推奨したのが儒教の始まりだった。一方『孟子』が唱えたのは、権力側にとって危険な体制改革思想であり、日本では『孟子』を輸入しようとした船は難破するという伝説が作られるほど危険思想あつかいされていた。しかし、そうであったればこそ、吉田松陰をはじめ幕藩体制に不満を募《つの》らせる若者たちが、こぞって『孟子』に心酔したのだ。『孟子』は本場の中国においても社会が行き詰まった時に必ずといってよいほど脚光を浴びる救国の書である。

『孟子』の主張の特色は以下の三点に要約できる。
一、自己の確立と、なれ合いの排除
なれ合いによる事なかれ主義や自己忘却こそが諸悪の根源であり、政治改革を含むあらゆる改革は個人の力に目覚めた個人によって成し遂げられるという主張である。
二、革命の是認
国王がロクでもない政治を行《おこな》い出した時には、もはや彼は「王」ではなくただの「賊」に成り下がっているのであり、臣下がこれを武力で倒したとしても不忠・不正には当たらないという主張である。
三、民意の優先
民の声を反映した民政優先の政治なくして国家は存立しえないという主張である。

『孟子』の三主張によって奮《ふる》い立たされた日本の若者たちは倒幕に立ち上がり明治維新を成功させたのだ。では、彼等が首尾よく権力を奪取した後の一〜三の運命はどうなったのだろうか。

革命家たちは新たに権力の座に就《つ》くと、自分たちより若い世代が一と二の思想を持つことを恐れて思想弾圧に乗り出した。当然のことながら、民衆に対する最大の公約だった三はホゴにされた。日本の明治維新も、中国共産党による革命もまったく判で押したように同じ過程をたどっている。その結果、『孟子』は社会の混乱期に急浮上しては、たちまち封印される「煽動の書」、「危険な書」としての悪名だけを高めることになったのだ（ヨーロッパでは、ルソーの『社会契約論』が同様の運命をたどっている）。

現在の社会混乱は『孟子』の再登場を促《うなが》しており、今こそ『孟子』の主張を「つまみ食い」でなく完全履行すべき絶好の時であるのだ。

『孟子』について　『孟子』の著者である孟軻《もうか》は紀元前三七〇年前後に生まれ、八十四〜五歳の長寿を保った実在の人物である。孔子に後《おく》れること約一〇〇年、戦国時代の真っただ中を生きた孟子は、自ら孔子の後継者と称し、衰微《すいび》していた儒家《じゅか》の思想を掲《かか》げて各国を周遊した遊説家である。儒家の教えが「儒教」として国教化されると、儒家の中興の祖である孟子を無視するわけにはいかず、体制側は孟子を孔子に次ぐ聖人を意味する「亜聖《あせい》」と呼んで奉《たてまつ》ったが、その著作である『孟子』は敬して遠ざけられた。

『孟子』とは「孟先生」という意味であり、当時は書物に題名をつけずに著者の名で呼んだところから孟子の著作を『孟子』と呼んでいる。『孟子』は一人の手で完成したのではなく孟子学派の共同著作とみるのが妥当である。内容は孟子が諸侯や弟子を相手に行った問答・論争集である。そのためディベイトにありがちな揚げ足取りやこじつけが少なからず見受けられるものの、全体の格調は高く、四字句を多用した文章は簡素で力強く、リズミカルである。唐代の韓愈《かんゆ》（七六八〜八二四年）が古文復興運動を起こした際に『孟子』の文体を理想としたのも十分に頷《うなず》ける名文である。

本書の編集と構成　『孟子』の真髄を知るにはその文体の格調の高さを味わうのが一番であり、現代語訳で読むよりも書き下し文で読むのが断然よい。そこで本書は、Q＆Aの回答部分には、①現代語訳と書き下し文を合わせて載せ、適宜に解説を加えた。読者は、取っつき難《にく》く思われるかもしれないが、書き下し文にもぜひ目を通していただきたい。できれば書き下し文の音読をお勧めしたい。そうすれば孟子の言わんとするところが自然な呼吸を通して腑に落ちるはずである。もちろん、手っ取り早く現代語訳だけを読んでもかまわない。

書物というものは本来は全編を読むべきものだが、『孟子』はかなりの大著であり、ディベイト形式にありがちな強調や繰り返しなど煩雑に感じられる箇所も多々ある。そこで本書は、②『孟子』の文体の格調の高さを損《そこ》なわない範囲で原文をそのまま書き写さずに要約、圧縮して編集し直した。

儒教を宋代に体系化した朱子《しゅし》（一一三〇～一二〇〇年）は、四書五経を定めて儒教の実践を「修身《しゅうしん》・斉家《せいか》・治国《ちこく》・平天下《へいてんか》」とスローガン化し、個人が身を修《おさ》めるということは一個人の人格的完成にとどまる私的行為ではなく、家や国を改善し最終的には世界平和を実現するための社会的行為であると主張した。朱子のスローガンは、『礼記』の一編である『大学』の冒頭部分から引用されたものだが、そのフレイズの重要性を最初に指摘したのは孟子である。孟子の指摘は一〇〇〇年後に唐の韓愈によって再評価され、その三〇〇年後に朱子によってスローガン化され、さらに三〇〇年後の明《ミン》の王陽明へと伝えられ、日本に輸入されていわゆる「陽明学」として大塩平八郎や吉田松陰ら反体制派の理論的支柱となっていくのだ。そこで本書は『孟子』の真髄が分かるように③『孟子』を朱子のスローガンに沿って原文の構成を大幅に変更してQ＆Aを設定した。

読者は以上の三点に留意して本書をお読みいただきたい。その上で、時間的余裕ができたならば、ぜひとも『孟子』原典の全編に目を通していただきたい。

なお、本書の書き下し文や振り仮名は現代仮名遣いで、漢字は概《おおむ》ね新漢字で表記してある。

第一章　心を見直す——こころは無限のフロンティア——

Q1 個人を立て直す

今さら世の中をよくするなんてホントにできるんですか？

可《か》なり。

それ志《こころざし》は気《き》の帥《すい》なり。気《き》は体《たい》の充《じゅう》なり。それ志《こころざし》至《いた》り、気《き》次《つ》ぐ。故《ゆえ》に曰《いわ》く、その志《こころざし》を持《じ》し、その気《き》を暴《ぼう》することなかれと。（公孫丑章句上二）

もちろん、できるとも。

そもそも人間の意志は人間の気持ちを動かすものだ。誰もが何かをしたいと意識すると、ワクワクしたりハラハラしたりと気持ちが自然に動くだろう？　誰の身体《からだ》の中にもそうしたさまざまな気持ちの要素である「気」が充満しているのだよ。だから、人が何かをしたいという意志を持てばそれに見合った気持ちが動き出し、肉体もそれに付き従って動き出すものなのだ。だから正しい意志を持つことが肝心なのだよ。いいかね、決して悪い意志や弱気な感情に従って肉体を暴走させてはならないんだぞ。

◎自分や国をよくしたいと意識できること自体が、自分や国を再生できる能力を秘めている証拠である。
◎人間は、意志＝意識と、気持ち＝感情と、肉体の三者からなっている。この三つはバラバラなものではなく互いに密接に関連し合っている。ところが多くの人は、悪い意識を持てば人間は悪くなるという事実を認めているのに、善い意識を持てば人間も善くなるという事実に懐疑的になっているのだ。

政治家は口を開くとすぐに偉そうに天下国家を話題にするが、そもそも天下の根本は国だろう。国の根本は家庭だろうよ。さらに家庭の根本はといえば、われわれ個人だろう。その肝心要《かなめ》の個人に目を向けずに、のっけから天下国家などと偉そうに口にしているから空理空論ばかりがはびこり、国や個人がダメになってしまっているんだよ。

国や家など守るものは沢山あるが、何が一番大切かといえば、自分自身を正しく守ることに尽きるのだ。いいかね、つ

人《ひと》つねの言《げん》あり。皆《みな》いわく、天下国家《てんかこっか》と。天《てん》下《か》の本《もと》は国《くに》にあり。国《くに》の本《もと》は家《いえ》にあり。家《いえ》の本《もと》は身《み》にあり。（離婁章句上五）

守《まも》ることいずれか大《だい》なり となす。身《み》を守《まも》るを

大《だい》なりとなす。身《み》を守《まも》るは、守《まも》るの本《もと》なり。

（離婁章句上一九）

まりは君が君自身をどう扱うかが人生における最重要問題なんだぞ。

◎個人主義は西欧独自の思想ではない。個人主義の行き過ぎが日本社会を堕落させたと主張する政治家や識者がいるが、孟子は個人主義の不徹底こそ堕落の原因とみなしている。

◎ナチズムは人種や民族を、マルクス主義は階級を、国家主義は国家を個人の上に置いた。そうした個人を無視したイデオロギーは全体主義（ファシズム）と総称されているが、全体主義国家は二一世紀を待たずに亡びた。それこそ、個人が社会の根本である何よりの証明である。孟子は二三〇〇年も以前にその事実を喝破《かっぱ》していたのだ。

Q2 一人の人間の力

個人や人間って、いったいどんな存在なんですか？

人間が動物とちがう点はほんのわずかだ。思いやりと正義とを基準に行動できるか、できないかの一点にあるんだよ。

人間には、他人の不幸を黙って見ていられない同情心というものが具《そな》わっている。その証拠に、今ヨチヨチ歩きの幼《おさ》な子が掘り抜き井戸に落ちそうになるのを見たなら、誰だって思わずハッと心を痛めて幼児を助けようとするだろう。なぜ助けようとするのだろうかね？　幼児を助けて両親に取り入るためかな？　人命救助をして知人や友人から褒《ほ》めそやしてもらうためかな？　逆に何もしないでいて後《あと》から非難されるのがイヤだから助けるのかね？　そうじゃあるまい。そんな

人《ひと》の禽獣《きんじゅう》に異《こと》なる所以《ゆえん》のものは、ほとんど希《まれ》なり。仁義《じんぎ》によりて行《おこな》うか、仁義《じんぎ》を行《おこな》うにあらざるか、なり。（離婁章句下一九）

人《ひと》みな人《ひと》に忍《しの》びざるの心《こころ》あり。人《ひと》みな人《ひと》に忍《しの》びざるの心《こころ》ありという所以《ゆえん》は、今人《いまひと》たちまち孺子《じゅし》のまさに井《せい》に入《い》らんとするを見《み》れば、みな怵惕惻隠《じゅってきそくいん》の心《こころ》あり。交《まじ》わりを孺子《じゅし》の父母《ふぼ》

損得勘定《そんとくかんじょう》をする暇《いとま》もなく思わずハッとして自然に心や身体《からだ》が動くのだ。

そうした思わず知らずの無意識的な行動を通して人間を観察すると、人間ならば誰もが人の不幸に同情する気持ちと、不善を羞《は》じる気持ちと、人に譲《ゆず》る気持ちと、正誤を判断する能力、の四つを持っていると言えるんだよ。悪いことをする時にはコソコソやったり、席を譲らない時には寝たふりをしたりするだろう？　それこそ善悪の判断能力や譲りたい気持ちを持っている何よりの証拠じゃないかね。逆に、そうした気持ちをまったく持っていない者は人間とは呼べないな。こ

にいる所以《ゆえん》にあらざるなり。誉《ほま》れを郷党《きょうとう》朋友《ほうゆう》に要《もと》むる所以《ゆえん》にあらざるなり。その声《こえ》を悪《にく》んで然《しか》るにあらざるなり。（公孫丑章句上六）

これによりてこれを観《み》れば、惻隠《そくいん》の心《こころ》無《な》きは人《ひと》にあらざるなり。羞悪《しゅうお》の心《こころ》無《な》きは人《ひと》にあらざるなり。辞譲《じじょう》の心《こころ》無《な》きは人《ひと》にあらざるなり。是非《ぜひ》の心《こころ》なきは人《ひと》にあらざるな

の人間に生まれつき具《そな》わっている四つの性質は、われわれが到達すべき道徳の最高目標である「仁愛」「正義」「礼儀」「智能」の芽にあたるものだ。この四つの芽を持って生まれついていることこそ人間を動物と異《こと》ならせ、人間を人間たらしめている最大の特色と言えるのだよ。

り。惻隠《そくいん》の心《こころ》は仁《じん》の端《たん》なり。羞悪《しゅうお》の心《こころ》は義《ぎ》の端《たん》なり。辞譲《じじょう》の心《こころ》は礼《れい》の端《たん》なり。是非《ぜひ》の心《こころ》は智《ち》の端《たん》なり。（公孫丑章句上六）

◎「仁」は通常「博愛」と訳されている。「博愛」という語は唐の韓愈《かんゆ》が『原道《げんどう》』の冒頭で「博愛これを仁と謂《い》う」と使用している古い用語である。しかし本書では、明治期のキリスト教の布教によって一般的となった「博愛」と区別するために、「仁」を「思いやり」や「仁愛」と訳した。「博愛」と「仁愛」は究極的には同じものだが、その初期段階と過程において相異があるので簡単に述べておこう。

①「博愛」が超越的で分け隔てのない無差別・平等な愛を意味しているのに対して、「仁愛」は、まずは自分を愛し、次に親や兄弟を愛し、さらに友人や妻を愛し、自国民への愛から他国民への愛へと広がっていく方向性と濃淡や軽重を持って漸進的に進んでいく愛を意味している。

②「博愛」が人為的・理性的であるのに対して、「仁愛」は自然な感情的流れを重視している。そこで本書では「博愛の精神」という表現に対応するものとして「仁愛の流れ」や「思いやりの精神」という訳語を当てている。

③「博愛」が自己犠牲や自己否定的なニュアンスを持つのに対して、「仁愛」はまったく自己肯定的である。

『孟子』という書物を一言で要約すれば、各自が生得的に持っている「思いやりの精神」を自覚し、それを加速・拡大せよと説いているのだ。

◎羞悪《しゅうお》とは、善悪の判断のような倫理的・感性的判断能力を意味し、是非とは、1+1=2が正解か否かといった合理的・論理的判断能力を意味している。

仁義礼智《じんぎれいち》は外《そと》より我《われ》を鑠《しゃく》するにあらざるなり。我《われ》これを固有《こゆう》するなり。(告子章句上六)

仁義礼智という道徳の最高徳目は、われわれの外に存在していて一部の人間だけがまるでメッキでもするように身に貼《は》り付けられるようなもんじゃないんだ。そうではなく、その気になれば、誰もが生まれながらにして身につけられる能力を持っているものなんだよ。

◎以上が、人間の生まれついての性質は善であるとする孟子の「性善《せいぜん》説」の骨子《こっし》である。性善説と対立する主張には、荀子《じゅんし》の「性悪《せいあく》説」（＝人間の本来的性格は悪である）や告子《こくし》の「白紙説」（＝生まれつきは白紙状態だが後天的に善悪が定まる）などがある。孟子を否定する者は「性善説」を楽観的極論として斥《しりぞ》ける。あるいは発達心理学や大脳生理学では「白紙説」が真実に近いと主張する。しかし、「生まれつき」を厳密に誕生の瞬間と解釈する必要はないだろう。例えば本書を手にしている読者は仁義礼智を見極める能力をすでに持っているが、今その瞬間を「生まれた時」と解釈すれば孟子の主張を抵抗なく受け入れられるだろう。

Q3 正義って何

闘争本能こそ人間の特色であって、万人に共通する正義なんてありっこないでしょう？

口で味わうものの中には万人が共通して美味《おい》しいと感じられるものが存在すると考えられるだろう？　同様に耳に入る音楽も共通して心地よく感じられるものがある。目にする

口《くち》の味《あじ》に於《お》けるや同《おな》じく嗜《たしな》むことあり。耳《みみ》の声《こえ》に於《お》けるや同《おな》じく聴《き》

絵画でも共通して美しいと感じられるものがあると思うだろう？　なのに、どうして心に関してだけは万人に共通するものがないと考えるのかね。共通するものはあるのだ。それが道理や正義に他ならないのさ。

　牛山という山には昔は樹木が美しく生《お》い茂《しげ》っていたんだよ。ところが、住民が斧《おの》や斤《まさかり》でやたらめったらに木を切り倒しちまったもんだから、今では美山どころか醜いハゲ山になっちまってる。樹木が新たに芽や蘖《ひこばえ》を出して山の姿を回復させようとしても毎日毎日切り倒され続けたんじゃ美しさを取り戻すことなんかできっこないよな。そうした事情を無視して、ハゲ山であるのが牛山の特色であると決めつけたと

くことあり。目《め》の色《いろ》に於《お》けるや同《おな》じく美《び》とすることあり。心《こころ》に至《いた》りて独《ひと》り同《おな》じく然《しか》りとする所《ところ》無《な》からんや。謂《い》わく理《り》なり義《ぎ》なり。（告子章句上七）

牛山《ぎゅうざん》の木《き》かつて美《び》なりき。斧斤《ふきん》これを伐《き》る。以《もっ》て美《び》となす可《べ》けんや。萌蘖《ほうげつ》の生《せい》無《な》きにあらず。旦旦《たんたん》にしてこれを伐《き》らば、以《もっ》て美《び》となす可《べ》けんや。これあ

したなら、それはとんでもない間違いだろうよ。考えてごらん、人間が生まれつき持っている良心を見失っているのも、斧や斤《まさかり》で木を切り倒し続けているのと同じことじゃないか。その結果、人類の歴史が野獣も顔負けの弱肉強食の姿になっているからといって、それが人間の本来の性質や姿であり、人間が仁義礼智の芽など持っているわけがないと疑ったり絶望したりするのは、早トチリと言うもんじゃないかね。

に山《やま》の性《せい》ならんや。其《そ》のその良心《りょうしん》を放《ほう》する所以《ゆえん》のもの、またなお斧斤《ふきん》の木《き》に於《お》けるがごときなり。人その禽《きん》獣《じゅう》なるを見《み》て、以《もっ》ていまだかつて才《さい》あらずとなすものは、これあに人《ひと》の情《じょう》ならんや。（告子章句上八）

◎牛山は山東省にある実在の山。

Q4　生きづらさ

人間は、なんでこんなシチ面倒くさい世の中に生きてなけりゃいけないんですか？

われわれは、せっかく仁義礼智に到達する四つの芽を持っ

——およそ我《われ》に四端《したん》ある者《もの》

て生まれついているのだ。その芽を養い育てない手はないだろう。この芽は、火がいったん燃え出すとドンドン燃え広がっていくのと同じように、あるいは泉がいったん溢《あふ》れ出すと滾々《こんこん》と水を湧き出し続けるように際限なく発展していくものなんだよ。もしも、君がそのパワーに目覚めて四つの芽を十分に養い伸ばそうとすれば、世界平和を築くことなぞわけないんだぞ。いいかね、君の自覚一つで「この世の中はシチ面倒くさくて生きるに値しない」などと思い込む必要のない世界を築くことができるのだ。だというのに、せっかく持って生まれついている芽を枯らしてしまえば、最も初歩的な両親との良好な人間関係すら築けずに終わっちまうんだよ。さあ、君はどちらを選ぶかね？　君は君が選ぶ世界を作ろうとしているんだぞ。

は、みな拡《ひろ》めてこれを充《み》たすを知《し》る。火《ひ》の始《はじ》めて然《も》え、泉《いずみ》の始《はじ》めて達《たつ》するがごとし。苟《いやしく》も能《よ》くこれを充《み》たさば、以《もっ》て四海《しかい》を保《やす》んずるに足《た》り、苟《いやしく》もこれを充《み》たさずんば、以《もっ》て父母《ふぼ》に事《つか》うるに足《た》らず。（公孫丑章句上六）

五穀《ごこく》は種《しゅ》の美《び》なるもの

人間が主食にしている五穀の種《たね》は、世界に何億種類もある種子の中ですぐれたものであることは言うまでもないが、もしも熟さなければ雑草の種と変わりないものだ。仁愛という素晴らしい能力も、その芽をわれわれ一人一人が養い育てようとしなければ熟しっこないんだ。せっかく持って生まれた能力なんだ、ともかく熟させてみることだよ。

なり。苟《いやしく》も熟《じゅく》せずとなさば荑稗《ていはい》にしかず。夫《そ》れ仁《じん》もまたこれを熟《じゅく》するあるのみ。（告子章句上一九）

Q5

人間の潜在能力

四つの芽が人間に備わっているなら、どうして人類はそれを育ててこなかったんですか？

人類がこれまで四つの芽をまったく養い育ててこなかったわけじゃないさ。実際には行っていながらそれをハッキリと自覚せず、習ってはいてもさらに詳《くわ》しく知ろうとせず、一生涯、正しい道に沿って歩いていながら、そうとは気づかない者が多かっただけのことだよ。何事によらず、漫然と行うのでなく自覚して行うことが肝心なのだ。

これを行《おこな》いて、しかも著《あき》らかならず。習《なら》いて、しかも察《つまび》らかならず。終身《しゅうしん》これに由《よ》りて、しかもその道《みち》を知《し》らざる者《もの》、衆《おお》きなり。

残念なことに、人は飼っている鶏《にわとり》や犬が逃げ出したなら、あわてて捕《つか》まえようとするものだが、自分の良心を見失っても探そうとはしないんだよなァ。
今、君の薬指が曲がって伸びなくなったと仮定しよう。べつに痛みもなく日常生活に支障もないとしよう。これを元通りに治す医者がいると聞いたなら、どうかな？　君は千里の道も遠しとせずにその医者の所へスッ飛んで行くだろうよ。というのも君の指が他の者の指より劣っているのが目で見て自覚できるからだ。ならば、心の場合はどうだろう？　そうだよな、心は人の目にさらされないものだから、人より劣っていようと平然としていられるんだ。つまりだ、人類が四つの芽を養い育てようとしてこなかったのは、四つの芽が人間に具《そな》わっていなかったからではなく、これまで多くの人が大

（尽心章句上五）

哀《かな》しいかな。人《ひと》、鶏犬《けいけん》の放《はな》たるることあれば、すなわちこれを求《もと》むるを知《し》る。放心《ほうしん》ありて求《もと》むるを知《し》らず。（告子章句上一一）

今《いま》、無名《むめい》の指《ゆび》、屈《くつ》してのびざるあり。疾痛《しっつう》して事《こと》に害《がい》あるにあらざるなり。もし能《よ》くこれをのばす者《もの》あらば、すなわち秦《しん》・楚《そ》の路《みち》をも遠《とお》しとせず。指《ゆび》の人《ひと》に

小・軽重の優先順位を見間違えていたために他ならないんだよ。

◎犬が逃げ出すというのは、当時の犬はペットではなく主として食用だったからである。

しかざるがためなり。指《ゆび》の人《ひと》にしかざるは、すなわちこれを悪《にく》むを知《し》る。心《こころ》の人《ひと》にしかざるは、すなわち悪《にく》むことを知《し》らず。此《こ》れ、これを類《るい》を知《し》らずと謂《い》うなり。（告子章句上一二）

Q6 心を育てる

心の芽を育てるなんて、オジンくさくて楽しくないでしょう?

いやいや、そんなことはないよ。何か新たに行動を起こす――**万物《ばんぶつ》**みな**我《われ》**に**備《そな》**わる。

には道具を揃《そろ》えたり準備をしなければならないが、心の場合はそんなことをせずとも、すべてが君の内部に具《そな》わっているんだ。君はスイッチを入れさえすればいいんだ。君の内なる力を作動させ、自分自身を反省して疚《やま》しい点がまったくない誠実無垢《せいじつむく》な境地に到達してごらん、それ以上の楽しさや面白さなど、この世にありっこないんだから。

世の中には、求めさえすればすぐに得られるものがある。それは何かといえば、生まれつき人間の内に具わっているものを求める場合だ。一方、求めてもなかなか得られないものがある。あるいは得ても役立たないものがある。それは人間の外にあるものをムリに求めようとしている場合だ。精神的欲求は前者で物質的欲求は後者といってよいだろう。誰もが後者ばかりを求めたがるが、物質的欲求が叶《かな》わないからといって絶望したりヤケになったりするほどバカげたことはない

身《み》に反《はん》して誠《まこと》なれば、楽《たの》しみ、これより大《だい》なるはなし。（尽心章句上四）

求《もと》むれば則《すなわ》ち之《これ》を得《う》。我《われ》に在《あ》るものを求《もと》むれば、なり。これ求《もと》むること得《う》るに益《えき》なきは、外《そと》に在《あ》るものを求《もと》むればなり。（尽心章句上三）

その心《こころ》を尽《つ》くす者《もの》は、その性《せい》を知《し》るなり。そ

んだぞ。もっと得やすい、遙《はる》かに役立つものに目を向けていないんだからね。

仁義礼智を究《きわ》めようと自覚した者は、人間の本性《ほんせい》を自覚した者と言ってよいだろう。人間の本性を自覚したということは、天然自然の道理に目覚めたということだ。つまりだ、四つの芽を養い育てようと自覚したということは、天然自然の道理に従っているのと同じことなのさ。それが楽しみをもたらさないわけがないだろう。なぜと言って、人間の不満や不幸というやつは人間性や自然の道理に反するものを追い求めて得られない結果、生じているのだからだよ。それに比べて、人間性や自然の道理に適《かな》う行為は、必ずや成功して喜びをもたらしてくれるものなんだよ。

天然自然の道理に従って自分を活《い》かす者は真に生きていると言えるが、天然自然に逆《さか》らったムリな生き方をしている者

の性《せい》を知《し》れば、すなわち天《てん》を知《し》るなり。その心《こころ》を存《そん》し、その性《せい》を養《やしな》うは、天《てん》に事《つか》うる所以《ゆえん》なり。（尽心章句上一）

天《てん》に順《したが》う者《もの》は存《そん》し、天《てん》に逆《さか》らう者《もの》は亡《ほろ》ぶ。（離

は、たとえ表面上は成功しているかに見えても破滅の道を突き進んでいるに等しいんだよ。ならば自らの精神を向上させる天の道を歩もうじゃないかね。

（離婁章句上七）

Q7 快楽は悪？

本能や物質的欲求を満たすことの方が楽しいに決まってるでしょう？

たしかに口が美味《おい》しいものを求め、目が美しいものを求め、耳が心地よい音を求め、鼻がよい香りを求め、肉体が安逸を求めるというのは、これまた人間に生まれながらに具《そな》わっている本性ではあるさ。

口《くち》の味《あじ》わいに於《お》けるや、目《め》の色《いろ》に於《お》けるや、耳《みみ》の声《こえ》に於《お》けるや、鼻《はな》の臭《にお》いに於《お》けるや、四肢《しし》の安佚《あんいつ》に於《お》けるや、性《せい》なり。（尽心章句下二四）

だが考えてみてごらん。肉体にも特に大事な器官と、そうでない器官があるだろう。その差を無視すべきではないよな。一本の指を大切にするあまりに、肩や背中などどうなったって構わないと言う人がいたなら、世間はその人を野獣《けだもの》程度の頭脳の持ち主と笑うだろうよ。グルメも結構だが、飲んだり食べたりといった肉体の本性《ほんせい》を満足させることだけに夢中になっている者は世間から卑《いや》しまれるだろう。それは、ご当人が肉体的本性ばかりを養って、もっと大切な心の本性を養うことを忘れているからに他ならないんだよ。

体《たい》に貴賤《きせん》あり、小大《しょうだい》あり。小《しょう》をもって大《だい》を害《がい》することなく、賤《せん》をもって貴《き》を害《がい》することなかれ。その一指《いっし》を養《やしな》いて、その肩背《けんはい》を失《うしな》うを知《し》らざれば、すなわち狼疾《ろうしつ》の人《ひと》とならん。飲食《いんしょく》の人《ひと》は、すなわち人《ひと》これを賤《いや》しむ。その小《しょう》を養《やしな》いて、もって大《だい》を失《うしな》うがためなり。

（告子章句上一四）

◎孟子自身はなかなかのグルメで、魚と熊掌《ゆうしょう》（熊の手の平）を好物として挙げている。

視覚や聴覚のような肉体的本性の特色は、人間の外にある物に反応する点にある。いわゆる五感は、いったん外の物に反応し出すと、たちまち外の存在に引きずられてしまう。音楽などその典型だろう。聴き出すと中毒になって自分で自分のコントロールが利《き》かなくなってしまうだろう？　これに反して、心の本性というのは意思なんだ。意思というのは自分で働かそうとすれば活発に働くが、働かせようとしなければ働かない。つまり自分でコントロールができるものなんだよ。自然が人間に与えてくれている心の本性と肉体の本性の二つのうち、さあて、いったいどっちの本性の充実を優先すべきだろうかね？　心の本性の方だろうよ。なぜと言って、大なる心の本性をしっかりと養い育てておけば、小なる肉体的本性によって外の物に引きずり回されずにすむようになるからだよ。

耳目《じもく》の官《かん》は思《おも》わずして物《もの》に蔽《おお》わる。物《もの》に交《まじ》われば、すなわちこれを引《ひ》くのみ。心《こころ》の官《かん》はすなわち思《おも》う。思《おも》えばすなわちこれを得《う》るも、思《おも》わざればすなわち得《え》ざるなり。これ天《てん》の我《われ》に与《あた》うるところのもの、先《ま》ずその大《だい》なるものを立《た》つれば、すなわちその小《しょう》なるもの奪《うば》うこと能《あた》わざるなり。（告子章句上一五）

飲食《いんしょく》の人《ひと》も、失《うしな》うことあるなければ、すなわち口腹《こうふく》あにただ尺寸《しゃくすん》の膚《ふ》のためのみならんや。（告子章句上一四）

そう言ったからとて、わたしは飲食を否定しているわけじゃないよ。飲食する者が心の本性を見失なわなければ、食欲を満たすことは、単に肉体の一部を養い育てるにとどまらず心を養い育てることにもつながるんだからね。

◎人間には、肉体を健康的に維持するための本能と、精神を健全に維持するための本能の二つが具わっている。ところが人は、肉体維持の本能だけを本能と思い込み、精神維持の本能をないがしろにしてきた。その結果、肉体維持の本能さえも狂わせてしまっているのが現状である。要は、どちらか一方を全肯定したり全否定したりするのでなく、時と場合に応じて優先順位・比重のかけ方を見きわめることである。そうすることができるようになるには、まずは精神維持の本能を磨けというのが孟子の主張である。

豆知識1

孟子には「孟母三遷《もうぼさんせん》」や「孟母断機《もうぼだんき》」など逸話が多い。

幼児期の孟子は墓地の近くに住んでおり、葬式ごっこをして遊んでいた。

そこで母親は市場の近くに引っ越した。すると孟子はお店屋さんごっこをして遊んだ。

母親は、今度は学校の近くに引っ越した。その結果、孟子は勉強ごっこをするようになり後に大学者となれたという。

これが「孟母三遷の教え」だが、話の中では二回しか引っ越しをしていない。これでは二遷ではないかと思われるかもしれないが、中国語の「三」には度々《たびたび》の意味がある。

さて、成長した孟子は修行の途中でホームシックに罹《かか》り家に帰った。すると、機織《はたおり》をしていた母親は完成しかかっている布を刃物で断ち切り、学問を途中でやめて帰るのはこれと同じことだと孟子を家にも上げずに師の元に追い返した。

これが「孟母断機の戒《いさ》め」である。

さしずめ現在の教育ママの走りで「猛母」と言うべきだろう。

しかし、こうした逸話は後世の創作であって、五十歳以前の孟子の履歴はまったく分かっていない。この点は、孔子と同じである。

両者とも真面目すぎてエピソードに乏しかったので、もっともらしい逸話が創られたのかもしれない。孔子は母子家庭に育ったと推測されているが、孟子も母子家庭だったようだ。孟子が孔子に私淑《ししゅく》したのは故郷が近かったというのが定説だが、母子家庭という共通点に共鳴してのことだったのかもしれない。

Q 8　心を養う

心を養うなんて、難しくてできっこないでしょう?

しないこととできないこととは、どこがどう異《ちが》うのだろうかね?　いま君が、中国の五山の一つである泰山《たいざん》を小脇に抱えて北海を跳び越えろと命じられた時、「そんなことはできっこない」と言ったとしたなら、それはまさしくできないのだから正しい返答だ。しかしだよ、老人にマッサージをしてあげなさいと言われて「できっこない」と答えたとしたなら、それはできないのでなく、やらないんだろうよ。

いいかね、人として憂《うれ》うべきは、人間の能力に限界があることではなく、できる能力を持っていながらやろうとしないことなんだぞ。

なさざる者《もの》と能《あた》わざる者《もの》との形《かたち》は、何《なに》をもって異《こと》なるか。曰《い》わく、太山《たいざん》を挟《わきばさ》みて、もって北海《ほっかい》を超《こ》えんとす。人《ひと》に語《かた》りて曰《い》わく、我《われ》能《あた》わずと。これまことに能《あた》わざるなり。長者《ちょうじゃ》のために枝《し》を折《お》らんとす。人《ひと》に語《かた》りて曰《い》わく、我能《われあた》わずと。これなさざるなり、能《あた》わざるに

仁義礼智に到達できる四つの芽という素晴らしい宝を持って生まれながら、「自分には四つの芽を養い伸ばす能力なんかない」と言うのは、自分で自分を見限ってダメにしているのだ。

人から侮《あなど》られる者は、まず自分から自分を侮るようなことを言ったりしたりしているからに他ならないんだぞ。人間は自然災害からさえ生き延びることができるものだが、自分で自分を見限るような自分が招いた災いからは生き延びられっこないんだ。だからいいかね、「やろうとしていない」のを「能力的にできっこない」と思い込んだり、言い訳にすることだけは絶対にすべきでないんだぞ。

あらざるなり。（梁恵王章句上七）

それ人《ひと》あに勝《た》えざるをもって患《うれ》いとなさんや。なさざるのみ。（告子章句下二）

この四端《したん》ありて、しかも自《みずか》ら能《あた》わずと謂《い》う者《もの》は、自《みずか》らを賊《そこな》う者《もの》なり。（公孫丑章句上六）

それ人《ひと》、必《かなら》ず自《みずか》ら侮《あなど》りて、しかる後《のち》、人《ひと》これを侮《あなど》る。天《てん》のなせる災《わざわ》いはなお違《さ》くべきも、自《みずか》らなせる災《わざわ》いは活《い》く

べからず。（離婁章句上八）

Q9 本当の正しさ

何が正しい行為かなんて分かりっこないでしょう？

心《こころ》の同《おな》じく然《しか》りとする所《ところ》の者《もの》は何《なん》ぞや。謂《い》わく、理《り》なり、義《ぎ》なり。聖人《せいじん》は先《ま》ず我《わ》が心《こころ》の同《おな》じく然《しか》りとする所《ところ》を得《え》たるのみ。（告子章句上七）

すべての人の心の中には「なるほど、その通りだ」と共通に納得できるものがあるんだよ。それが何か分かるかね？　それが、わたしが述べている正しい道理や正義というものなんだ。「何が正しい行為か自分には分からない」などと言い訳をしながら悪事をしていることこそ、心ではすべてを理解している何よりの証拠じゃないかね。聖人と呼ばれる者は特別な人なんかじゃなく、自分の心に具《そな》わっている善悪・正邪の判断能力を自覚し、自分の心と対話をしながら行動をしているだけのことなんだ。

Q 10 はびこる悪

それにしたって世の中には悪がはびこり過ぎてるじゃないですか？

人間の本来の性格が善良であることは、水が上から下へ流れる性質をもっているのと同じように自明なことだ。善を持っていない人間はおらず、下へ流れない水はない。ただし、水を手で打って撥《は》ね返らせたならば額《ひたい》を越えさせることだってできるし、川を堰《せ》き止めて逆流させたならば水を山頂に到達させることだってできるよ。しかしだ、それは水の本来の性質ではなかろうよ。外から力が加えられたためだ。同様に人が悪事をなすというのも外からの欲望に引きずられたための一時的な姿なんだよ。

人性《じんせい》の善《ぜん》なるは、なお水《みず》の下《ひく》きに就《つ》くがごときなり。人《ひと》、善《ぜん》ならざることあることなく、水《みず》、下《くだ》らざることあることなし。いまそれ水《みず》は、搏《う》ちてこれを躍《おど》らせば額《ひたい》を過《す》ごさしむべく、激《げき》してこれを行《や》れば、山《やま》に在《あ》らしむべし。これあに水《みず》の性《せい》ならんや。その勢《いきお》いすなわち

然《しか》るなり。人《ひと》の不善《ふぜん》をなさしむべき、その性《せい》もまたかくのごときなり。（告子章句上二）

Q11 人になさざる

だったら、どうしろって言うんですか？

人には、これだけは絶対にしてはいけないということがある。まずは、それを十分に自覚することだ。何をするかを決めるのはその後からでよい。

これだけはどんなことがあっても絶対にしないと心に決めたことは絶対にしない。これだけは絶対に求めないと心に決めたものは絶対に求めない。そう決心しただけで君の人生はガラリと変わるよ。たったそれだけのことで。なぜといって、

人《ひと》、なさざるあり。しかる後《のち》をもってなすあるべし。（離婁章句下八）

其《そ》のなさざるところをなすことなく、その欲《ほっ》せざるところを欲《ほっ》することなし。此《かく》のごとき

横道に逸《そ》れずにすむようになるんだからね。

罪もない者を自分の都合で殺すのは仁愛の流れに反することだ。自分の所有物でないものを取るのは正義に反する行為だ。ならば、絶対に人を殺さない、絶対に物を盗まない。まずは、この二点を遵《まも》ろうと決心することから始めるといいだろう。

のみ。（尽心章句上一七）

一《いち》無《む》罪《ざい》を殺《ころ》すは仁《じん》にあらざるなり。その有《ゆう》にあらずしてこれを取《と》るは義《ぎ》にあらざるなり。（尽心章句上三三）

Q12 殺人は悪？

時と場合によっちゃ殺人もやむをえないことだってあるでしょう？

他人の親を殺すほど重大なことはない。人の父親を殺せば、その子供は加害者の父親を殺そうとし、人の兄を殺せば、殺された者の兄弟は仕返しに加害者の兄弟を殺したくなるだろう。たとえどんな条件を付けたにせよ、殺人を支持するとい

人《ひと》の親《おや》を殺《ころ》すの重《おも》きを知《し》るなり。人《ひと》の父《ちち》を殺《ころ》せば、人《ひと》もまたその父《ちち》を殺《ころ》し、人《ひと》の兄《あに》を殺《ころ》せ

うことは、自らは殺人を犯していなくても憎悪の連鎖を容認し、直接殺人を犯しているのと何ら変わりないことをしていることになるんだぞ。

もしも君が、どんなことがあっても他人を害さないと決心して生きるならば、この世に使っても使い切れないほどの思いやりの気風を満ち溢れさせることができるようになるんだ。同様に、どんなことがあっても絶対に盗みをしないと決心して生きるならば、正義の気風を社会に満ち溢れさせることができるようになるんだよ。

ば、人《ひと》もまたその兄《あに》を殺《ころ》す。しからばすなわち自《みずか》らこれを殺《ころ》すにあらざるや、一間《いっかん》のみ。（尽心章句下七）

人《ひと》よく人《ひと》を害《がい》するを欲《ほっ》することなきの心《こころ》を充《み》たさば、仁《じん》あげて用《もち》うべからざるなり。人《ひと》よく穿踰《せんゆ》することなきの心《こころ》を充《み》たさば、義《ぎ》あげて用《もち》うべからざるなり。（尽心章句下三一）

豆知識2

孟子はグルメで、「自分は魚が好物だが、熊掌《ゆうしょう》が一番の好物だ」(告子章句上一〇)と述べている。一般的に中国人が食べる魚はつい最近まで川魚だったが、孟子の故郷の鄒《すう》国は山東半島の付け根にあったから、孟子は海魚を食べていた可能性が高い。海魚は現在でも川魚より高級食材とされているが、いずれにせよ当時は干物が主だった。

熊掌というのは、文字通り熊の手の平のことで、古来より珍味とされているが、どのように料理するのかレシピは伝わっていない。

ここ数年、テレビや雑誌のグルメ記事で熊掌料理が紹介されているが、食べるのは肉球《にくきゅう》部分で、長時間（長いものでは三日間）煮込む点は共通しているが、その後の調理法はバラバラで、賞味後の感想も「ぜひまた食べたい」というものから「もう結構」までさまざまだ。

以前ある物知りからこんな話を聞いたことがある。熊掌は右手は値が高く美味だが、左手は安くて不味い。というのも、熊は冬眠する直前に腹一杯食べ込んで、右の手の平に好物の蜂蜜をベットリと擦《なす》りつけてねぐらに入る。そうして、時折目を覚ましては空腹を癒《いや》すために右手の蜂蜜を嘗めるのだ。

このため、右手の肉球には蜜の味が染みついている。これに対して左の手の平は、腹一杯食べたものが溢れ出ないように肛門を押さえているので、便の臭いが染みついているというのだ。酒席の話なので、真偽のほどは定かでないが……。

Q13　きれいごと

そんなきれいごとを言ってると、逆に殺されたり盗まれたりする側に回って損をするのがオチでしょう？

長生きは誰もが願うものだろう。わたしだとて望むところだ。しかし、わたしは同時に正義の実行も強く望んでいるんだよ。両方がともには叶《かな》えられないとするなら、そうさな、わたしは生命《いのち》を犠牲にしてでも正義の実行を取ろうと決意しているんだよ。そう言ったからとて、生命を軽んじているわけではない。逆に、生命よりも強く願う正義というものがあるからこそ、わたしは生命を本当に大切にできるんだよ。いいかね、もしも人間が生命より強く望むものが何もないという状態になったとしたなら、人間は生きるためならばどんなことでもやってのけるようになってしまうだろう。あるいは逆に、あっさりと生命を捨ててしまうだろうよ。それでは、いったい何のための生命なのかね。

生《せい》もまた我《わ》が欲《ほっ》するところなり。義《ぎ》もまた我《わ》が欲《ほっ》するところなり。二《に》者《しゃ》兼《か》ぬることを得《う》べからずんば、生《せい》を捨《す》てて義《ぎ》を取《と》る者《もの》なり。生《せい》もまた我《わ》が欲《ほっ》するところなれども、欲《ほっ》するところ生《せい》より甚《はなは》だしきものあり。故《ゆえ》に苟《いやしく》も得《う》ることをなさざるなり。もし、人《ひと》の欲《ほっ》する

人間には短命の人や長命の人がいるが、人間の寿命は天寿という言葉があるように、天の定めであって人間が完全には左右できるものではない。だから、人間がなすべきは、生死をあまり念頭におかずに、生ある間に少しでも精神的な高みに上《のぼ》ることだよ。寿命が天から与えられていることを理解している者は、危険な岩や今にも崩れ落ちそうな石垣にわざわざ近づくような無謀なことはしないものだが、もしも正義を貫《つらぬ》いた結果として早死にするようなことになったとしても、

ところをして、生《せい》より甚《はなは》だしきもの莫《な》からしめば、すなわち凡《およ》そもって生《せい》を得《う》べき者《もの》は、何《なん》ぞ用《もち》いざらんや。(告子章句上一〇)

殀寿《ようじゅ》たがわず、身《み》を修《おさ》めて、もってこれを俟《ま》つは命《めい》を立《た》つ所以《ゆえん》なり。(尽心章句上一)
この故《ゆえ》に命《めい》を知《し》る者《もの》は巖牆《がんしょう》の下《もと》に立《た》たず。その道《みち》を尽《つ》くして死《し》する者《もの》は、生命《せいめい》なり。

それは立派に天から授《さず》かった寿命を全《まっと》うしたものだと平然と受け入れられるようになるものさ。その反対に、ただ生き長らえるために悪事をはたらき最期は手枷《てかせ》・足枷《あしかせ》の刑で死ぬような者は、たとえどれほどの長寿に達していようとも、とても天寿を全うしたとは言えまいよ。

桎梏《しっこく》して死《し》する者《もの》は、生命《せいめい》にあらざるなり。（尽心章句上二）

Q14 怨まない

他にもしちゃいけないことってあるんですか？

人の不善を必要以上に言い立てない。そんなことに熱中すれば、必ず後から禍が降りかかるからな。

好《この》んで人《ひと》の不善《ふぜん》を言わば、まさに後患《こうかん》をいかにすべき。（離婁章句下九）

◎人の不善にばかり目を向けていると、自分自身の不善に鈍感になるという災いが来る。「好」の字が脱落しているとの説に従い補足して訳した。

自分より優れた者を嫉《ねた》んだり怨《うら》んだりもしない。まずは自分の身を反省して自分の至《いた》らない点を補うことを先にすることだ。ひとかどの人物になろうと思うなら、自分の運命を呪《のろ》ったり、人をとがめ立てたりしてはダメだよ。人というのは他人だけじゃないよ、自分に対しても責めすぎてはいかんのだ。要するに否定思考や悲観思考で凝《こ》り固まらないようにすることだよ。

◎イジメの元凶は嫉《ねた》みにあるが、西郷隆盛は競《きそ》うなら人と競わず天と競えと提唱している。

己《おのれ》に勝《か》つ者《もの》を怨《うら》みず。これを己《おのれ》に反求《はんきゅう》するのみ。（公孫丑章句上七）

君子《くんし》は天《てん》を怨《うら》みず、人《ひと》をとがめず。（公孫丑章句下一三）

君自身の心の中に具《そな》わっている仁愛の流れに適合しないことはしないことだ。礼儀にかなっていない行為もしない。そう決心すれば、たまたま一時的に禍《わざわい》が降りかかってきたとしても、自分の悪い態度に原因があるんじゃないんだから、何事もなかったように平然と構えていられるようになれるも

仁《じん》にあらざれば為《な》すなきなり。礼《れい》にあらざれば行《おこな》うなきなり。一《いっ》朝《ちょう》の患《わずら》いあるがごときは、すなわち君子《くんし》は

のだよ。

Q15 純真であれ　心を養う秘訣ってあるんですか？

純真であれってことかな。人格者というのは赤子《あかご》のように生まれたままの純真さを保っているものだよ。

誠実であれ、でもいい。純真誠実こそが天然自然の流れであり、その流れに沿って生きようとするのが本来の人間の生き方なのさ。純真誠実に物事を行って上手くいかなかったことなど、この世に未《いま》だかつてあったためしはないんだからね。

恥を知らないようでもいかんな。

患《わずら》いとせず。（離婁章句下二八）

大人《たいじん》なる者《もの》は、その赤《せき》子《し》の心《こころ》を失《うしな》わざる者《もの》なり。（離婁章句下一二）

誠《まこと》は天《てん》の道《みち》なり。誠《まこと》を思《おも》うは人《ひと》の道《みち》なり。至《し》誠《せい》にして動《うご》かざるものは、未《いま》だこれあらざるなり。（離婁章句上一二）

人《ひと》はもって恥《は》ずること

なかるべからず。（尽心章句上六）

恥《はじ》の人《ひと》に於《お》けるや大《だい》なり。機変《きへん》の巧《こう》をなす者《もの》は、恥《はじ》を用《もち》うるところなし。人《ひと》にしかざることを恥《は》じずんば、なんぞ人《ひと》にしくことあらん。（尽心章句上七）

人間にとって恥を知ることは極めて重要だ。しっかりと自分の内面を見つめることだ。場当たり的な誤魔化し屋は、まったく恥じることがないときている。自分が人に比べて人格的に及ばないことを恥ずかしく思わないようでは、ひとかどの人物にはなれっこないな。

心《こころ》を養《やしな》うは、寡欲《かよく》より善《よ》きはなし。その人《ひと》となりや寡欲《かよく》なれば、存《そん》せざるもの有《あ》りといえども寡《すく》なし。その人《ひと》と

心を養うには欲張りすぎないことがコツだ。欲張らずに一つずつ究《きわ》めていく者は、習熟していない分野が残っていてもわずかな時間で残りも究められるようになるものだよ。欲張りすぎて、あれもこれもと同時に求める者は、どれもこれもわずかしか究められないで終わってしまう。急がず弛《たゆ》まず一日一度でいいから自分の心を見つめ直して、心と対話をするのが自分を育てる秘訣だよ。

なりや多欲《たよく》なれば、存《そん》するもの有《あ》りといえども寡《すく》なし。（尽心章句下三五）

◎多くの人は、自分にない能力を身につけたり自分の欠点を潰《つぶ》すことを修養と信じているが、孟子にとっては、自分を「変える必要のない」ことを発見・自覚することが修養の基本である。すべての能力は自分の内に具わっているのであり、「そんな能力はない」と思い込んだり絶望していること自体が「そんな能力」を認識している証拠であり、かつ能力を持っている証拠なのだ。だから、伸ばしたいと思う芽から自分のペースで養い伸ばしていけばよいのだ。人間は、社会に合わせて自分を無理やり変えるために生きているのではなく、自分が真っ当に生きられるように社会を変えるために生きているのだ。

豆知識3

孔子は最晩年に息子を五十歳で亡くしているが、八十四〜五歳の長寿を保った孟子も我が子に先立たれている可能性が高い。政治的に成功していた滕《とう》国を辞して故郷へ帰ったのは子供が死んだためだったかもしれない。

孔子の故郷には現在十万人を超える孔姓を名乗る子孫が住んでおり、世界中には三百万人を超える子孫がいるそうだが、孟子の場合も故郷に七〜八万人の子孫が住んでおり、中国全体では二百万人もの子孫がいて一族の大会も開かれているとのことだ。

子孫は、行輩《ハンベイ》といって名前に付ける文字をあらかじめ定めておくので判定できるのだ。例えば、金・銀・銅・鉄……と一〇〇ほどの漢字を定めておいて、子供たちの名前には必ず「金」の字を入れる、その子供（つまり孫）たちには全員「銀」の字のつく名前をつける、さらにその子供（曾孫）たちには全員「銅」の字のつく名前をつけると決めておくのだ。そうすると、かりに子供が四人ずつ生まれたとして、五代目では二百五十六人にもなり、各地に散らばって交流は途絶えていても名前の一部に「鉄」の字がついているので互いに五代目と分かる仕組みになっているのだ。

孟子の子孫は日本にもいて、赤穂四十七士の一人、武林唯七《たけばやしただしち》の祖父は孟二寛といい、孟子の六十一代目に当たり、豊臣秀吉が朝鮮に攻め入った際に捕虜として日本に連れてこられて帰化したという。韓国にも現在四〜五万人の孟子の子孫がいるとのことだ。孟子直系の第七十五代の孟祥協氏は、孔子の七十七代目の孔徳成氏と同じく台湾に住んでいる。

第二章　人を育《はぐく》む――家庭と教育のありかた――

Q1 家族の力

家庭や家族なんて必要なんですか？

内面の豊かさを求める者には幸福感を味わえるものが三つあるよ。一つは父母が共に健在で、兄弟姉妹が無事に暮らしていることだ。二つ目は、天上の神に対しても地上の人に対してても恥じ入るような行為を何もしていないことだ。三つ目は、優れた子供や若者を集めて教育をすることだ。政治権力を握って人を支配するなどというのは、幸福のものの数にも入らないな。

君子《くんし》に三楽《さんらく》あり。父母《ふぼ》倶《とも》に存《そん》し、兄弟《けいてい》故《さわ》りなきは、一《いっ》の楽《たの》しみなり。仰《あお》ぎて天《てん》に愧《は》じず、俯《ふ》して人《ひと》に怍《は》じざるは、二《に》の楽《たの》しみなり。天下《てんか》の英才《えいさい》を得《え》て、これを教育《きょういく》するは、三《さん》の楽《たの》しみなり。しかして天《てん》下《か》に王《おう》たるは、あずかり存《そん》せざるなり。（尽心章句上二〇）

◎孟子にとって、家庭は仁愛の出発点であり、教育の出発点である。

Q2 親と兄弟
親子や兄弟って何なんですか？

親が子供を養育するのに、ただ食事を与えるだけで愛情がともなっていないのでは、ブタを育てているのと変わりないし、愛していても、尊重する気持ちがなければ、ペットを飼っているのと変わりないだろうよ。

二～三歳の幼児でも、その親を愛することを知らない者はいないよ。成長すれば、その兄を敬《うやま》うことを知るようにもなる。親を愛し大切にするのは思いやりの基本であり、年長者を尊敬するのは道義の基本だ。人間はそうしたことを家庭で学ぶものなんだ。それが家庭の最大の存在意義だよ。

食《やしな》いて愛《あい》せざるは、これを豕交《しこう》するなり。愛《あい》して敬《けい》せざるは、これを獣畜《じゅうちく》するなり。（尽心章句上三七）

孩提《がいてい》の童《どう》もその親《おや》を愛《あい》することを知《し》らざるなし。その長《ちょう》ずるに及《およ》びてや、その兄《あに》を敬《けい》することを知《し》らざるなし。親《おや》を親《した》しむは仁《じん》なり。長《ちょう》を敬《けい》するは義《ぎ》なり。

智能の本質は、家庭で愛情と尊敬の二つを知って、そこから離れないようにすることだ。礼儀の本質というのは思いやりと正義のバランスを保つことであり、音楽の本質はその二つのハーモニーを楽しむことなんだよ。楽しめば思いやりや正義の感情は身体《からだ》の奥から自然と湧き起こってくるようになるものだ。自然に湧き起こってくるものを止めようったって、どうして止められるだろうかね、止められっこないさ。

人間が特に学びもしないのに自然と身につけている能力は「良能」と呼ぶべきものであって、特に教えられもしないの

（尽心章句上一五）

智《ち》の実《じつ》は、この二者《にしゃ》を知《し》って去《さ》らざること是《これ》なり。礼《れい》の実《じつ》は、この二者《にしゃ》を節文《せつぶん》すること是《これ》なり。楽《がく》の実《じつ》は、この二者《にしゃ》を楽《たの》しむ。楽《たの》しめば、すなわち生《しょう》ず。生《しょう》ずれば、すなわち悪《いずく》んぞ已《や》む可《べ》けんや。（離婁章句上二七）

人《ひと》の学《まな》ばずして能《よ》くするところのものは、そ

に知っている知識は「良知」と呼ぶべきものなのだ。他ならぬ家庭で育《はぐく》まれる親への愛情や兄への敬愛がそれだ。あとは、そうして自然に生じてきた情愛を世の中に行き渡らせればよいだけのことだよ。

の良能《りょうのう》なり。慮《おもんぱか》らずして知《し》るところのものは、良知《りょうち》なり。他《た》なし。これを天下《てんか》に達《たつ》するなり。（尽心章句上一五）

◎孟子は外部からの「かくあるべし」といった定言命令的な家庭観や教育観を排し、自然な親子・兄弟の情愛を育てることを根本としている。

Q3 親のありがたみ　親孝行って、すべきなんですか？

親孝行というのは、親を尊敬して大切にすることに尽きるな。

孝子《こうし》の至《いた》りは、親《おや》を尊《とうと》ぶより大《だい》なるはなし。（万章章句上四）

世間でいう親不孝には五通りほどあるよ。怠《なま》けて働こうと

世俗《せぞく》のいわゆる不孝《ふこう》な

しないのが第一の親不孝だ。バクチや酒にのめり込むのが第二の親不孝。金儲けに夢中になって、自分の妻子ばかりに贅《ぜい》沢《たく》をさせて親をほったらかしにするのが第三の親不孝だ。世俗的な欲望に溺《おぼ》れて罪を犯し、親にまで恥をかかせるのが第四の親不孝。やたらと武勇を好んで腕力を振るい、親にまで危害を及ぼすのが第五の親不孝だ。つまりだ、親不孝というのは自分自身に対する不孝でもあるんだよ。だから親孝行はすべきものなのさ。

るもの五《ご》あり。その四《し》支《し》を惰《おこた》るは一《いっ》の不孝《ふこう》なり。博弈《ばくえき》し、好《この》んで酒《さけ》を飲《の》むは二《に》の不孝《ふこう》なり。貨財《かざい》を好《この》み妻子《さいし》に私《わたくし》して、父母《ふぼ》の養《やしな》いを顧《かえり》みざるは三《さん》の不《ふ》孝《こう》なり。耳目《じもく》の欲《よく》を従《ほしいまま》にし、以《もっ》て父母《ふぼ》の戮《りく》をなすは四《し》の不孝《ふこう》なり。勇《ゆう》を好《この》みて闘很《とうこん》し、以《もっ》て父母《ふぼ》を危《あや》うくするは五《ご》の不孝《ふこう》なり。

（離婁章句下三〇）

親を喜ばせるにも正しい方法があるんだぞ。自ら反省して疚《やま》しい点があるようでは親を喜ばせることなどできっこないな。

自分の身を正しく保つことができないで親孝行ができた者など、わたしはこれまでに聞いたことがないよ。つまり、親孝行も自分自身の身を正しく保つよう心掛けることに尽きるのさ。

これまでに仁愛の流れを自覚した者が、その親を棄てたなどという話は、あったためしがないんだからね。

親《おや》に悦《よろこ》ばるるに道《みち》あり。身《み》に反《はん》して誠《まこと》ならざれば、親《おや》に悦《よろこ》ばれず。その身《み》を失《うしな》いて能《よ》くその親《おや》に事《つか》うる者《もの》は、吾《われ》いまだこれを聞《き》かざるなり。誠《まこと》を思《おも》うは、人《ひと》の道《みち》なり。（離婁章句上一二）

いまだ仁《じん》にして、その親《おや》を遺《す》つる者《もの》はあらざるなり。（梁恵王章句上一）

Q4 子を育てる

家庭教育はどうあるべきなんですか？

物事の軽重のバランスを取れるようになった年長者がまだバランスが取れていない弱年者を教え、すでに能力を開花させた者がまだ開花させていない者を養い育てるのが家庭教育の基本だ。つまり、年長者が弱年者に手本を示すということだ。そういうわけだから、人は優れた親や兄を持ったことを幸せと思い、自然と尊敬するようになるものなんだよ。

天上の神がこの世に人類を生じさせた際に、物事の道理を最初に知った者が後から来る者を教え諭《さと》し、歩むべき道を最初に見つけた者が後から来る者を導くように定めたのだ。「自分は人類の先覚者だ。自分が仁愛と正義の道を民衆に教え諭さなければ、いったい誰が民衆を目覚めさせることができるだろうか」——これは、殷《いん》の宰相《さいしょう》だった伊尹《いいん》の言葉だ

中《ちゅう》や、不中《ふちゅう》を養《やしな》い、才《さい》や、不才《ふさい》を養《やしな》う。故《ゆえ》に人《ひと》、賢父兄《けんふけい》あるを楽《たの》しむ。（離婁章句下七）

天《てん》のこの民《たみ》を生《しょう》ずるや、先知《せんち》をして後知《こうち》を覚《さま》さしめ、先覚《せんかく》をして後覚《こうかく》を覚《さま》さしむ。予《われ》は天民《てんみん》の先覚者《せんかくしゃ》なり。予《われ》まさにこの道《みち》をもって

が、人として生まれたからには、誰もがこのくらいの意気込みを持って子供や後輩の教育に当たってもらいたいものだよな。子育てや家庭生活は社会にそのまま反映されるものなんだよ。だから子育てや家庭生活の充実が肝心なのだよ。

食べたいだけ食べられ、暖かな衣服を着せてもらえ、安楽な生活を与えられても、肝心の教育を施《ほどこ》されていなければ、そんな子供は鳥獣と変わりなくなっちまうだろうよ。

赤ん坊がハイハイをして井戸に落ちそうになるのは、赤ん坊の罪ではなく、保護者の罪さ。同様に、若者の暴走の罪は年長者の罪、民衆の罪は政治家の罪なんだぞ。

この民《たみ》を覚《さま》さんとす。予《われ》これを覚《さま》すにあらずして誰《たれ》ぞや。（万章章句上七）

飽《ほう》食《しょく》煖《だん》衣《い》、逸《いっ》居《きょ》して教《おし》えらるるなければ、すなわち禽《きん》獣《じゅう》に近《ちか》し。（滕文公章句上四）

赤《せき》子《し》の匍《ほ》匐《ふく》してまさに井《せい》に入《い》らんとするは、赤《せき》子《し》の罪《つみ》にあらざるなり。（滕文公章句上五）

Q5 自習自得 教育で肝心なことって何ですか？

学ぶことを嫌がらない者を本当の智者と言うのであり、教えて飽きることがない者を真の仁愛者と言うのだ。

教育では自習自得の習慣を身につけさせることが何よりも肝心だ。強制によらず自主的に会得した知識や道徳的な境地には安住できるものだ。安住できれば、それを自分でさらに深めることができるようになるものなのだよ。

人間が陥《おちい》りやすい誤りは、とかく先生面《づら》をして、やたらと偉そうに教えたがることだな。

学《まな》びて厭《いと》わざるは、智《ち》なり。教《おし》えて倦《う》まざるは仁《じん》なり。（公孫丑章句上二）

これを自得《じとく》すれば、すなわちこれに居《お》ること安《やす》し。これに居《お》ること安《やす》ければ、すなわちこれに資《と》ること深《ふか》し。（離婁章句下一四）

人《ひと》の患《うれ》いは、好《この》んで人《ひと》の師《し》となるにあり。（離人間というやつは、自分の田の草除《と》りもせずに、他人の田の草除りがすんでいないことを気にかけたり非難したりしがちなものだが、それは、日頃から他人には過度に要求するくせに、自分の責任や義務を軽んじた生活をしている何よりの証拠さ。

大人物は、そんな余計なおせっかいをせずに、ひたすら我が身を磨《みが》くことに専念するものだ。その結果、道徳的感化によって周囲のすべてを正しく導いてしまうことができるものなんだよ。

婁章句上二三）

人《ひと》、その田《でん》を舎《す》てて人《ひと》の田《でん》を芸《くさぎ》るを病《うれ》う。人《ひと》に求《もと》むるところのもの重《おも》くして、自《みずか》ら任《にん》ずる所以《ゆえん》のもの軽《かる》ければなり。（尽心章句下三二）

大人《たいじん》なる者《もの》あり。己《おのれ》を正《ただ》しくして、しかして物正《ものただ》しき者《もの》なり。（尽心章句上一九）

◎日本では、「芸」を「藝」の略字として使用しているが、「芸」は植物を植えたり草刈りを意味する独立した正字である。現代中国では「藝」は「艺」と略されている。日本の「芸術大学」は農業大学と誤解されてしまうかもしれない。

Q6 自分一人で立つ
自主性を育てるには、どうすりゃいいんですか？

そうさな、一律に手っ取り早く効果を上げようとしないことだな。無理な手助けは禁物だ。昔のことだがね、宋の国の人で自分の田の苗の生長が遅いのを気に病んで、苗を一本一本引っ張って伸ばした者がいたのさ。疲れ切って家に帰って、「いやぁ、今日は疲れた。オレは苗の生長の手助けをしてきたんだ」と言ったものだから、家の者が慌てて見に行くと、引っ張られた苗は根がゆるんですでに全部枯れ果てていたってわけさ。世の中には、お節介にもこうした行為をしている者が少なくないんだ。そんな行為は、益がないばかりでなく、害をなすだけのものなんだがね。

正 (あらかじ) めすることなかれ。助けて長 (ちょう) ぜしむることなかれ。宋人 (そうひと) に、その苗 (なえ) の長ぜざるを閔 (うれ) えて、これを揠 (ぬ) く者あり。芒芒然 (ぼうぼうぜん) として帰り、その家人 (かじん) に謂 (い) いて曰 (いわ) く、今日 (こんにち) 病 (つか) れたり。予 (われ) 苗を助けて長ぜしむ、と。其の子趨 (はし) りて往 (ゆ) きてこれを視 (み) れば、苗すなわち槁 (か) れたり。天下の苗を助けて長ぜしめざ

る者《もの》寡《すく》なし。徒《ただ》に益《えき》なきのみにあらず、しかもまたこれを害《がい》す。（公孫丑章句上二）

◎「助長」の出典。日本の教育改革は、どうやら孟子がしてはいけないということばかりをしているようだ。

一般の人が知識の豊富な学者を煙たがるのは、あまりに細かくなりすぎて現実に合わない理論倒れになっているからだよ。もしも、知識の豊富な者が、思いやりの精神を重んじて知識を利用したならば、知識は煙たがられるどころか大いに役立つはずなんだがねェ。

智《ち》に悪《にく》む所《ところ》のものは、その鑿《さく》するがためなり。もし智者《ちしゃ》にして、その事《こと》なき所《ところ》に行《や》らば、すなわち智《ち》もまた大《だい》なり。（離婁章句下二六）

Q7 往く者は追わず

教育って、具体的に何をどうすりゃいいんですか？

教え方も色々あるものなんだ。わたしが教育を施す場合は、教わりたくないと言って去って行く者には追いかけてまで教えるようなことはしないし、逆に教わりたいと言って来る者はみんな受け入れて教えているよ。まれには教えるのを断る場合もあるが、それだとて、その者に教育を施していることに変わりはないつもりだよ。

教える時は正攻法で教えることが肝心だが、正攻法を唯一

教《おし》えもまた術多《じゅつおお》し。（告子章句下一六）

それ予《われ》の科《か》を設《もう》くるや、往《ゆ》く者《もの》は追《お》わず、来《きた》るものは拒《こば》まず。（尽心章句下三〇）

予《われ》これを教誨《きょうかい》を屑《いさぎよ》しとせざる者《もの》も、これまた教誨《きょうかい》するのみ。（告子章句下一六）

教《おし》うる者《もの》は必《かなら》ず正《せい》をも

絶対の教え方だと思い込んでしまうと、その方法で理解しない者を叱り飛ばしたり怒ったりしがちになるものだ。教育に怒りが混じれば、教育どころでなくなっちまうのは言うまでもないことだよ。

上手な教育者の教え方には、およそ以下の五つのやり方があるな。丁度よい頃合いに降る雨が草木を自然と生長させていくように、生徒の発展段階に合わせて、じっくりと時間をかけて教えていく方法が一つだ。これは知育に相応《ふさわ》しい教授法だ。次に、知識を伝授するのでなく、教育者の人格的な感化によって導く方法がある。これは徳育に相応しい教授法だ。第三に、実際に手本を見せて手取り足取り教える方法がある。

ってす。正《せい》をもってして行《おこな》わざれば、これを継《つ》ぐに怒《いか》りをもってす。これに継《つ》ぐに怒《いか》りをもってすれば、すなわち反《かえ》って夷《そこな》う。（離婁章句上一八）

君子《くんし》の教《おし》うる所以《ゆえん》のもの五《ご》あり。時雨《じう》のこれを化《か》するがごときものあり。徳《とく》を成《な》さしむるものあり。財《ざい》を達《たっ》せしむるものあり。問《とい》に答《こた》えうるものあり。私《し》

これは技術教育や体育に相応しい教授法だ。もう一つは、質疑応答を中心とするディベイト方式がある。以上の四つは教師と生徒が互いに顔をつき合わせて行う対面教育だが、まったく見ず知らずの者を間接的に慕《した》わせて自主的に修養させる「私淑《ししゅく》」という教授法もあるんだよ。

淑艾《しゅくがい》せしむるものあり。（尽心章句上四〇）

Q8 子には教えず　教育で、他に注意すべきことはありますか？

躾《しつけ》と異なり本格的な職業教育となると、能力の優れた親であればなおのことわが子を直接教えないものだが、何故《なぜ》だか分かるかね？　師弟関係が優先されて、親子の間の自然な情愛を滞《とどこお》らせる危険があるからだよ。親子の自然な情愛が損なわれるというのは最悪だ。この世に、親子の情愛が損なわれて親子関係がバラバラになってしまうほどの不幸はないんだからね。

古《いにしえ》は、子《こ》を易《か》えてこれを教《おし》う。（離婁章句上一八）**君子《くんし》の子《こ》を教《おし》えざるは、何《なん》ぞや。勢《いきお》い行《おこな》われざればなり。父子《ふし》相《あい》夷《そこな》えば、すなわち悪《あ》し。離《はな》るればすなわち**

親子でありながら師弟関係を結んで、親が子供の技能の上達に夢中になって厳しく当たったりすれば、子供だって親を見る目が変わり、親子間の自然な温かみを失う最悪の結果を招きかねないものなんだよ。

不《ふ》祥《しょう》これより大《だい》なるはなし。（離婁章句上一八）

父《ふ》子《し》、善《ぜん》を責《せ》むるは、恩《おん》を賊《そこ》なうの大《だい》なるものなり。（離婁章句下三〇）

◎どれほど素質のある親や子供でも、師弟関係となれば、厳しすぎたり甘すぎたりとバランスを失い、益よりも害をもたらす。以前、大相撲の世界で親子が師弟関係を結び、二人の子供がともに横綱となって美談として持てはやされたことがあったが、その後の家族関係は孟子が懼《おそ》れた通りになってしまった。
◎世襲が一般的と思われている江戸時代の商人や職人の子供は、徒弟修行に出されて最終的に親と異なる技能を身につけることが多かった。武士や芸能の世界でも有能な者を養子縁組して後継者とすることが頻繁に行われていた。その結果、江戸文化は活性化したのだ。ひるがえって現在の日本を見ると、世襲の花盛りだ。子供を他人に託して教育するどころか、ろくに修行もさせずに芸能人の子供は芸能人となり、政治家の子として生まれた者は父親の秘書をした程度の教育で階段を駆け上って首相の座にまで就く。その一方で、本来は家庭でなされるべき躾《しつけ》教育は、学校や他人に任せっぱなしにされているのだ。

Q9 師を探す
手近に師となる者がいない場合は、どうすりゃいいんですか？

学問《がくもん》の道《みち》は他《た》なし。その放心《ほうしん》を求むるのみ。

（告子章句上一一）

学問の道というのは別段難しいことじゃないんだよ。本来自分に具《そな》わっていながら見失ってしまっている仁義礼智の芽を再確認して、二度と見失わないようにしっかりと自覚することに尽きるんだからね。

予《われ》いまだ孔子《こうし》の徒《と》たるを得《え》ざるなり。予《われ》、私《ひそ》

わたしの場合は、遅く生まれ過ぎたために直接孔子の弟子になることはできなかった。そこでわたしは、密かに孔子を師と仰いで、孔子の学風を受け継いでいる人に会いに出かけたり、孔子の著作を通して自力で学習する方法を用いたんだ。師匠が手近にいなくたって、さまざまな工夫で学ぶことはできるものだよ。

かに諸《これ》を人《ひと》に淑《よ》くするなり。（離婁章句下二二）

Q10 結婚 よい家庭を築く秘訣ってあるんですか？

結婚というのは、本来は良き家庭を築くためにするものであって、男性が妻に身の周《まわ》りの世話をさせるためや、女性が夫に養ってもらうためにするものではないはずだ。しかしながら、そんなふうに実利本位で結婚をしたり、いつの間にかそうした関係になってしまうことも稀《まれ》ではないな。

斉《せい》の国の人で、外出すると必ず酒や肉で満腹状態になって帰宅する夫がいたんだよ。そこで妻がいったい誰と飲食をし

妻《つま》を娶《めと》るは養《やしな》いのためにあらざるなり。しかれども時《とき》ありてか養《やしな》いのためにす。（万章章句下五）

斉人《せいひと》に、その良人《りょうじん》、出《いず》ればすなわち必《かなら》ず

ているのかと訊《たず》ねると、夫の答える相手はみんな富貴な人たちばかりだったんだ。ところが、家には未《いま》だかつてそんな身分の高い人が訪ねて来たことがなかったんだ。そこで不審に思った夫人は、ある朝そっと夫の後を尾《つ》けていったのさ。

すると夫は町の東門の外にある墓場へ真っ直ぐに向かい、墓前で先祖の供養祭をしている人の所へ行くと、祭りの残り物をタダで貰っていたんだよ。それでも食い足りないと、夫はあたりをキョロキョロ見渡して、他の供養をしている人の所へ行ってさらに飲み食いをしていたんだ。この様子を見た妻は、家に逃げ帰ると、召使い女を相手に夫をののしり中庭

酒肉《しゅにく》に饜《あ》きて、しかる後《のち》に反《かえ》る。その妻《つま》、ともに飲食《いんしょく》するところの者《もの》を問《と》えば、すなわち尽《ことごと》く富貴《ふうき》なり。しかも未《いま》だかつて顕者《けんしゃ》の来《きた》ることあらず。蚤《つと》に起《お》き、良人《りょうじん》のゆく所《ところ》に施従《いじゅう》す。ついに東郭墦間《とうかくはんかん》の祭《まつ》る者《もの》にゆきて、その余《あま》りを乞《こ》う。足《た》らざればまた顧《かえり》みて他《た》にゆく。これその饜足《えんそく》をなすの道《みち》なり。その妻帰《つまかえ》りその

で声を嗄《か》らして泣いたんだ。そうとは知らない夫は、夕方になって意気揚々と帰宅すると、妻や召使い女に向かって得意げにいつものごときデッチ上げ話をしたってわけさ。

さあて、どうだろうかね、朝早く我が家を出て、金儲《もう》けや出世をしようと汗水垂らして働いている者で、もしも妻や召使いがその仕事ぶりを見たなら羞《は》じて泣かないですむ者がどれほどいるだろうかね。ほとんどいないと言っていいんじゃないのかな？　そんな状態では、真っ当な家庭など築けっこないのは当り前だ。

自分自身が真っ当な道を歩んでいるのでなければ、妻や子

妾《しょう》とともに良人《りょうじん》を訕《そし》りて、中庭《ちゅうてい》に相泣《あいな》く。しかるに良人《りょうじん》は未《いま》だこれを知《し》らざるなり。良人《りょうじん》、施施《しし》として外《そと》より来《きた》り、その妻妾《さいしょう》に驕《おご》れり。すなわち人《ひと》の富貴栄達《ふうきえいたつ》を求むる所以《ゆえん》の者《もの》、その妻妾《さいしょう》羞《は》じず、しかして相泣《あいな》かざる者《もの》、ほとんど希《まれ》なり。（離婁章句下三三）

身《み》、道《みち》を行《おこな》わざれば、

供に正しい道を歩ませることなんかできっこないし、人を使う時に道理に合った使い方をしていなければ、妻や子供だってそんな夫や父親の言うことを聞いてくれないのは当然だろう。良き家庭を築くのに特別な秘訣があるわけじゃないのさ。言い逃れやゴマカシを必要とするような行為をしないこと、つまりは我が身を正しく保つことに尽きるんだよ。

妻子《さいし》にも行《おこな》われず。人《ひと》を使《つか》うに道《みち》をもってせざれば、妻子《さいし》にも行《おこな》わるること能《あた》わず。（尽心章句下九）

豆知識 4

中国では金属貨幣は古くからあったが広く流通するようになったのは、各国が富国強兵策を採り始めた戦国時代に入ってのことである。

代表的貨幣には、刀をかたどった刀銭《とうせん》や農具の鋤《すき》をかたどった布銭《ふせん》や子安貝をかたどった貝銭《ばいせん》などがある。

しかし、それらは全国共通というわけでなく、前二者は内陸の趙・魏・韓国を中心に、後者は海や沼沢地に恵まれた楚の国を中心に流通していた。

全国規模で通用するのは金や銀だった。孟子も滞在先の諸侯から礼金や餞別や手切れ金（?）として金を提供されている。小さな分銅状の金塊である。

孟子は経済観念が現代人に近かったが、当座に必要としない場合は金品の受け取りを拒否しており、斉国の王が一〇〇鎰《いつ》の金を贈った際にも、理由のない金はワイロであるとして突っ返したという記述が「公孫丑章句下三」にある。

金一〇〇鎰というのは約三〇〇キログラムに当たり、現在の相場では十億円近くになる。にわかには信じがたい額だが、孟子は数十台の馬車と徒歩の随行員数百人の行列を仕立てて諸国を遊説しているから、そのくらいの経費は必要だったのかもしれない。

この行列に関しては、道義を説く者としてあまりに華麗過ぎるのではないかと弟子の彭更《ほうこう》が詰問しているが、孟子は自分の働きから見れば分不相応でないと突っぱねている（滕文公章句下四）。孟子は、政治とビジネスを融合させたシンクタンク企業家の走りとも言えそうだ。

第三章　社会と関《かか》わる――君が社会の主人公だ――

Q1 コミュニケーション　どうすりゃ人とうまく付き合えますか？

自分に具《そな》わっている思いやりの精神を自覚した者は他人を愛せるようになり、礼の精神を自覚した者は他人を尊敬できるようになるものだ。他人を愛すれば他人からも愛されるようになり、他人を敬《うやま》えば他人からも敬《うやま》われるようになるよ。だから、人と付き合う際に第一になすべきことは、自分の敬愛の精神を自覚し、他人を尊敬し愛することだよ。

仁者《じんしゃ》は人《ひと》を愛《あい》し、礼《れい》ある者《もの》は人《ひと》を敬《けい》す。人《ひと》を愛《あい》する者《もの》は、人《ひと》つねにこれを愛《あい》し、人《ひと》を敬《けい》する者《もの》は、人《ひと》つねにこれを敬《けい》す。（離婁章句下二八）

Q2 マナーの大切さ　愛情や礼儀なんて簡単に通じっこないでしょう？

人を愛しても親しまれなかったなら、自分の愛し方を見つめ直してみるといい。他人に礼儀を尽くして応《こた》えられなかった場合も、自分の敬愛の仕方をもう一度見つめ直してみるといいな。何かを実行して上手くいかなかった場合には、まず

人《ひと》を愛《あい》して親《した》しまれずんば、その仁《じん》に反《かえ》れ。人《ひと》を礼《れい》して答《こた》えられずんば、その敬《けい》に反《かえ》れ。

第一に自分のやり方に問題があるのではないかと反省してみることだよ。たいていの場合は打算的や形式的になって、心がお留守になっているものさ。心から行っていれば世間の誰もが正当な反応をしてくれるものだよ。

行《おこな》いて得《え》ざるものあれば、みなこれを己《おのれ》に反《はん》求《きゅう》す。その身《み》正《ただ》しければ、天下《てんか》これに帰《き》す。（離婁章句上四）

Q3 他人の悪評
下手《したて》に出ればバカにされたり、軽く見られるのがオチでしょう？

そんな取り越し苦労をしなさんな。正義の実行者は、とかく小人物から悪口を言われがちなものだが、悪口の多さは自分の徳の高さのバロメーターと考えるくらいのノンキさを持つことだよ。

傷《いた》むことなかれ。士《し》はこの多口《たこう》に憎《にく》まる。（尽心章句下一九）

反省をしてみて自分の行為に誤りがないと確信でき、なおかつ相手が横暴な振る舞いを続けているなら、それは相手が

自《みずか》ら反《かえり》みて忠《ちゅう》なり。その横逆《おうぎゃく》、なお是《かく》のご

鳥獣なみの存在でしかない証拠じゃないか。鳥獣に対しては、何も非難したり腹を立てたりするには及ばないだろう？　放っておけばすむことだよ。

とくなるや、すなわち禽獣《きんじゅう》となんぞ択《えら》ばんや。禽獣《きんじゅう》に於《お》いてまた何《なん》ぞ難《なん》ぜん。（離婁章句下二八）

Q4　イジメと孤独
友だちからイジメられ、孤立してもいいって言うんですか？

各地に住む正義の実践者は、その土地に住む正義の実践者を友人とするものだし、国家レベルで正義を実行する者は、やはり国家レベルの有能な人物と交際するものだよ。もしも、周囲にそうした人物がいなければ、書物の中の優れた古人を友とすることだってできるじゃないか。

一郷《いっきょう》の善士《ぜんし》は、ここに一郷《いっきょう》の善士《ぜんし》を友《とも》とす。一国《いっこく》の善士《ぜんし》は、ここに一国《いっこく》の善士《ぜんし》を友《とも》とす。いまだ足《た》らずとなすや、また古《いにしえ》の人《ひと》を尚《しょう》論《ろん》す。（万章章句下八）

そもそも友人というものはだね、自分の長所を自慢したり、身分の良いことを鼻にかけたり、優れた兄弟がいるのを誇ったりしないものさ。ましてや、イジメをするなどというのは友人でも何でもありゃしない。互いの人格を認め合ってこそ友人と呼べるんだぞ。

孤立を恐れてイカサマ友人から「オメェ」だの「テメェ」だのと蔑《さげす》まれて使いっ走りに甘んじている者がいるが、ようし今後はそんな生き方は絶対に受け入れないぞと決心しさえすれば、その時点から君の心の内の正義の力がみなぎり出し、イジメのような不正義はアッと言う間に姿を消してしまうものなんだぞ。

長《ちょう》を挟《さしは》さまず、貴《き》を挟《さしは》さまず、兄弟《けいてい》を挟《さしは》さまず、しかして友《とも》たり。友《とも》たる者《もの》は、その徳《とく》を友《とも》とするなり。（万章章句下三）

人《ひと》よく爾汝《じじょ》を受《う》くることなきの実《じつ》を充《み》たさば、往《ゆ》く所《ところ》として義《ぎ》たらざるは無《な》きなり。（尽心章句下三一）

Q5 自殺　イジメられれば自殺にだって追い込まれるんですよ？

イジメにあって死んでしまおうか、いや死ぬのは待とうか——もって死《し》すべく、もっと思い悩むほどの苦境に立たされる場合もあるだろう。しかし、そんな時には絶対に死んではダメだ。そんな時に死ぬのは真の勇気を獲得できる絶好のチャンスを失うことになるんだからね。

　天上の神がある人物に重要な任務を与えようとする時には、必ずその人の心を苦しめ、肉体を疲労させ、生活を困窮させ、やる事なす事のすべてがカラ回りするような大苦境に陥《おちい》らせるものなのだ。それは、天がその人の心を鍛《きた》え、忍耐力を増大させ、大任を負わせるに足る人物に育て上げようとしている何よりの証拠なのだ。

　まあ、疑う前に周囲を眺めてごらん。われわれが知っている優れた人格を持ち智恵があり人の心が読める能力を発揮している者は、みんな悲惨な体験をくぐり抜けてきた者といっていいだろう。自らの心を悩まし、苦痛をとことん味わった

て死《し》するなかるべし。死《し》するは勇《ゆう》を傷《きず》つく。

（離婁章句下二三）

天《てん》のまさに大任《たいにん》をこの人《ひと》に降《くだ》さんとするや、必《かなら》ず先《ま》ずその心志《しんし》を苦《くる》しめ、その筋骨《きんこつ》を労《ろう》せしめ、その体膚《たいふ》を餓《う》えしめ、その身《み》を空乏《くうぼう》にし、行《おこな》う所《ところ》そのなさんとする所《ところ》に払乱《ふつらん》せしむ。心《こころ》を動《うご》かし性《せい》を忍《しの》ばせ、その能《よ》くせざる

者だけが、人間が生まれついて持っている素晴らしいパワーを自覚し開花させられるものなんだよ。

所《ところ》を曽益《ぞうえき》せしむる所以《ゆえん》なり。(告子章句下一五)

人《ひと》の徳慧《とくけい》・術知《じゅつち》ある者《もの》は、つねに疢疾《ちんしつ》に存《そん》す。その心《こころ》を操《と》るや危《あや》うく、その患《うれ》いを慮《おもんぱか》るや深《ふか》し。故《ゆえ》に達《たつ》す。(尽心章句上一八)

Q6 自身を育てる

でも、そんなことができるのはほんの一部の人だけでしょう?

両手や片手で握れる程度の小さな桐《きり》や梓《あずさ》の若木でも、育てる気さえ起こせば誰だって育て方を知っているじゃないか。ところが、自分自身のこととなると、どうして育て方が分からないなどと言うのかね。自分自身を桐や梓の木ほどにも愛

拱《きょう》把《は》の桐《どう》梓《し》も、人《ひと》苟《いやしく》もこれを生《しょう》ぜんと欲《ほっ》せば、みなこれを養《やしな》う所以《ゆえん》のものを知《し》

していないからかね？　いいや、そうじゃあるまいよ。自分自身を育てようとの自覚が不足しているためなんだぞ。

◎軽々しく生命を絶つ者がいるが、人が生まれてきたということは、その人を生存させる能力と生存の必要性とを持って生まれてきている証拠であり、ただそうした潜在力を自覚していないだけのことである。

る。身《み》に至《いた》りてはこれを養《やしな》う所以《ゆえん》のものを知《し》らず。あに身《み》を愛《あい》すること桐梓《どうし》にしかざらんや。思《おも》わざるの甚《はなは》だしきなり。（告子章句上一三）

Q 7 社会と接する

大過なく社会生活を送るには、どうすりゃいいって言うんですか？

それ義《ぎ》は路《みち》なり。礼《れい》は門《もん》なり。ただ君子《くんし》は能《よ》くこの路《みち》に由《よ》り、この

自分の心が教えてくれる正義の道を踏み外さないことだ。そもそも正義は人が歩むべき最もムリのない道であり、礼儀は家の出入り口のような身近なものなのだ。社会でひとかどの働きをしたいと望むなら、正義の道を歩み、正面玄関から正々堂々と出入りするよう心掛けることだな。

門《もん》を出入《しゅつにゅう》す。（万章章句下七）

Q8 社会的地位

世間じゃズルイ奴が出世して、いい暮らしをしてるんですよ？

貴《たっと》きを欲《ほっ》するは、人《ひと》の同《おな》じき心《こころ》なり。人々《ひとびと》己《おのれ》に貴《たっと》きものあり。思《おも》わざるのみ。人《ひと》の貴《たっと》くするところのものは、良貴《りょうき》にあらざるなり。

（告子章句上一七）

天爵《てんしゃく》なるものあり、人爵《じんしゃく》なるものあり。仁義忠信《じんぎちゅうしん》、善《ぜん》を楽《たの》し

出世して社会的地位を得たいという気持ちは誰もが大なり小なり持っているものだろうよ。だがね、社会的地位なんか本当の高貴じゃないんだよ。本当の高貴を求めたいのなら、まず誰もが高貴に至る芽を持って生まれていることに気づくべきなんだ。その芽を養い伸ばしさえすればいいんだからね。

世の中には天爵《てんしゃく》と人爵《じんしゃく》という二つの爵位があるのさ。仁・義・忠・信に沿って行動し、善を楽しんで怠けず精進した結果として得られる人格的輝きは、天が人に与えてくれる天爵というものだ。それに対して、公や卿や大夫《たいふ》といった社会的な地位は、人間が人間に与える人爵というやつで、所詮は一時的に貼り付けられるレッテルのようなものなんだ。だというのに、人爵ばかりを追い求めて、内面的で恒久的な天爵の芽を棄ててかえりみないというのは、惑いの最たるものと言うべきだろうよ。

仁愛の流れに無自覚なロクデナシが高い地位に就いているのは、悪を人々の上に撒《ま》きちらしているようなものだ。そんな者とはまともに会話もできんよ。連中は、危うい地位にいるのに安全だと思いこみ、災難となるようなことばかりを利益と誤認して行い、自分の身を亡ぼすようなことばかりに楽しみを見出しているんだからな。

みて倦《う》まざるは、これ天爵《てんしゃく》なり。公卿大夫《こうけいたいふ》は、これ人爵《じんしゃく》なり。その天《てん》爵《しゃく》を棄《す》つるは、すなわち惑《まど》いの甚《はなは》だしきものなり。（告子章句上一六）

不仁《ふじん》にして高位《こうい》に在《あ》るは、これその悪《あく》を衆《しゅう》に播《は》するなり。（離婁章句上一）

不仁者《ふじんしゃ》はともに言《い》うべけんや。その危《あや》うきを安《やす》しとし、その菑《わざわ》いを利《り》とし、その亡《ほろ》ぼす所以《ゆえん》のものを楽《たの》しむ。

（離婁章句上八）

Q9 成功とは
でもやっぱり金儲けをしたり有名になりたいじゃないですか？

昔の人は徳を積んで天爵を与えられることを優先したものだ。世俗的な立身出世はその結果としてついてくるものと考えていたんだよ。ところが今の連中ときたら、世俗的な立身出世を大目標にして、道徳や教育をその手段としているんだからなァ。

人を服従させたいがために善を行う者は、本当に人を服従させることなんかできっこないんだよ。善は目的であって手段として使うもんじゃないんだからね。

古《いにしえ》の人《ひと》は、その天爵《てんしゃく》を修《おさ》めて、人爵《じんしゃく》これに従《したが》えり。今《いま》の人《ひと》は、その天爵《てんしゃく》を修《おさ》めて、もって人爵《じんしゃく》を要《もと》む。すなわち惑《まど》いの甚《はなは》だしきものなり。（告子章句上一六）

善《ぜん》をもって人《ひと》を服《ふく》する者《もの》は、いまだ能《よ》く人《ひと》を服《ふく》する者《もの》あらざるなり。（離婁章句下一六）

世の中には思いもかけなかったことが褒《ほ》めそやされたり、逆に完璧を期して行ったのにボロクソに言われたりすることがある。世間の評価というのはそんなアヤフヤなものなんだ。だから、世俗的に有名になることなんかを人生の目的にするのは愚かの極《きわ》みなんだぞ。世間に名を知られようが、知られまいが、気にかけず平然としていられるようになるのが肝心だ。そうすればいつの間にか名を知られるようになっているものだよ。

虞《おもんぱか》らざるの誉《ほま》れあり。全《まった》きを求《もと》むるの毀《そし》りあり。（離婁章句上二一）

人《ひと》これを知《し》るもまた囂《ごう》囂《ごう》たり。人《ひと》知《し》らざるも、また囂囂《ごうごう》たり。（尽心章句上九）

Q10 金の力 世の中でモノを言うのは、なんたって金でしょう？

面白い話を聞かせてあげよう。昔は市が立つと、役人は治安を守るために立ち合ったが、税金を取り立てたりはしなかったものなんだよ。ところが、ある貪欲な男がいてね、小高い所に登って市場を眺めて、儲《もう》かりそうな品物があるとスッ

古《いにしえ》の市《いち》をなすや、有《ゆう》司者《ししゃ》はこれを治《おさ》むるのみ。賤丈夫《せんじょうふ》あり。必《かなら》ず龍断《ろうだん》を求《もと》めてこれに

飛んで行って買い占めて利益を独占してしまったのさ。人々は皆この行為を非難したよ。そこで、役人も捨てておけずにこの男に税金を課すことにしたんだ。商人に税金が課されるようになり、庶民がその分だけ高い物を買わされるようになったのは、この貪欲な男の行為が因《もと》なんだ。

利益に賢《さと》い者は、なるほど凶作の年でも富み栄えて無事に生き延びられはするだろう。と言うと、ならばやっぱり金銭勘定が一番なんだと早合点したくなるかもしれないが、そうではないぞ。人格的修養を積めば、凶作だろうが乱世だろうが、心を乱されることなく泰然自若《たいぜんじじゃく》として生活できるようになるんだからね。

思いやりに満ちた者は貴《たっと》ばれ、思いやりに欠けた者は蔑《さげす》ま

登《のぼ》り、もって左右望《さゆうぼう》して市利《しり》を罔《あみ》せり。人皆《ひとみな》もって賤《いや》しとなす。故《ゆえ》に従《したが》ってこれを征《せい》せり。商《しょう》に征《せい》すること、此《こ》の賤丈夫《せんじょうふ》より始《はじ》まる。（公孫丑章句下一〇）

利《り》に周《あまね》き者《もの》は、凶年《きょうねん》も殺《ころ》すこと能《あた》わず。徳《とく》に周《あまね》き者《もの》は、邪世《じゃせい》も乱《みだ》すこと能《あた》わず。（尽心章句下一〇）

仁《じん》なればすなわち栄《さか》え、不仁《ふじん》なればすなわち辱《はずか》しめらる。徳《とく》を貴《たっと》

れ嫌われるものだろう。だから、われわれも思いやりを貴び、そのための修養に勤《いそ》しむ者を尊《とうと》んで手本とするのが一番なんだよ。

美男や美女を好み、富を欲し、高い地位を望むのは人間に共通する願望ではあるだろう。しかしだね、それらすべてを満たしたとしても、そうした外面の充実によっては、心の憂いを晴らすことはできないものなんだよ。何故かと言えば、真の幸福や達成感は、心の豊かさや貴さによってもたらされるものだからだよ。

び、しかして士《し》を尊《とうと》ぶにしくはなし。（公孫丑章句上四）

好色《こうしょく》は人《ひと》の欲《ほっ》するところなり。富《とみ》は人《ひと》の欲《ほっ》するところなり。貴《たっと》きは人《ひと》の欲《ほっ》するところなり。好色《こうしょく》・富貴《ふうき》あるも、もって憂《うれ》いを解《と》くに足《た》るものなし。（万章章句上一）

◎これは伝説的な聖王である舜の行為を述べたものだが、一般論として訳した。

Q11　聖人と凡人

そんな境地に安住できるのは聖人くらいなもんでしょう？

自分を過小評価してはダメだぞ。聖人だとて、われわれと少しも変わりない存在なんだ。聖王と謳《うた》われた堯《ぎょう》や舜《しゅん》も同じ人の子だ。彼も一個の人間、われも一個の人間だ。どうして彼等を畏《おそ》れ敬《うやま》って自分自身を卑下しようとするんだね。そんな謙遜はこれっぽかしも必要ないものなんだぞ。

聖人《せいじん》も我《われ》と類《るい》を同《おな》じうする者《もの》なり。（告子章句上七）

堯舜《ぎょうしゅん》も人《ひと》と同《おな》じきのみ。（離婁章句下三二）

彼《かれ》も丈夫《じょうぶ》なり。我《われ》も丈《じょう》夫《ぶ》なり。吾《われ》なんぞ彼《かれ》を畏《おそ》れんや。（滕文公章句上一）

Q12　名もない一個人

だって、無名の個人が社会を動かすなんてできっこないでしょう？

自分自身をそんなに卑下《ひげ》して乱暴に取り扱う者とは一緒に語り合う気にはなれないな。誰だって自分自身を見限る者と

自《みずか》ら暴《そこな》う者《もの》は、ともに言《い》うべからざるなり。

は一緒に行動したくないだろう。礼儀や正義をバカにしたり、わざと否定するような発言をして得意になっている者がいるが、そうした行為を自暴といい、思いやりや正義など自分には持てっこないと思い込むのを自棄というんだ。仁愛こそが人間が心から安らいで身を置ける住居であり、正義の道こそが人間性に最も適《かな》った安全な出入り口なんだ。にもかかわらず、そうした場所に憩《いこ》おうとせず、そうした出入り口を捨ててかえりみようとしないのは、なんとも愚かしく哀しい限りじゃないかね。

　人が歩むべき道はほんの手近な所にあるというのに、わざわざ遠くの道を歩もうとする。思いやりの精神を発揮することや正義を行うことなんか実は極めて易《やさ》しいことなんだよ。ところが自分自身の心の中に生まれつき持っている思いやりや正義からわざわざ離れていって、思いやりや正義は手が届かないほど遠くにあって実行なんか難しくって自分にはでき

自《みずか》ら棄《す》つる者《もの》は、ともに為《な》すあるべからざるなり。言《げん》、礼義《れいぎ》を非《そし》る、これを自暴《じぼう》と謂《い》う。吾《わ》が身《み》、仁《じん》に居《お》り義《ぎ》に由《よ》ること能《あた》わざる、これを自棄《じき》と謂《い》う。仁《じん》は人《ひと》の安宅《あんたく》なり。義《ぎ》は人《ひと》の正路《せいろ》なり。安宅《あんたく》を曠《むな》しうして居《お》らず。正路《せいろ》を舎《す》てて由《よ》らず。哀《かな》しいかな。（離婁章句上一〇）

道《みち》は爾《ちか》きに在《あ》り。しかるに、これを遠《とお》きに求《もと》む。事《こと》は易《やす》きに在《あ》り。

っこないと言い張っているんだ。なんともまあ、滑稽なことじゃないかね。
　人が歩むべき正義の道は、狭《せま》く険《けわ》しい道と誤解されているが、そんなもんじゃなく、大通りのように広くなだらかな道なんだよ。無論どこにあるか分からない遠くにあるもんなんかじゃない。正義の道を歩めないなどと言う前に、まずは自分自身が歩もうとしていない事実に気づくべきなんだ。歩もうとしさえすれば、誰もが歩むことのできる何でもない道なんだからね。

しかるに、これを難《かた》きに求《もと》む。（離婁章句上一一）

それ道《みち》は大路《たいろ》のごとく然《しか》り。あに知《し》り難《かた》からんや。人求《ひともと》めざるを病《や》むのみ。（告子章句下二）

Q13　一人だけの抵抗

たった一人で正義を行ったって、悪には勝てず世の中は善《よ》くなりっこないでしょう？

やりもしない前に結論づけたり、やめてはならないことを平気でやめるような者は、どんなに大事なことでも中途ハン

已《や》むべからざるに於《お》いて已《や》むる者《もの》は、已《や》めざ

パに放り出すクセがついてしまうものだぞ。せっかちな者は物事に飛びつくのも早いが手を引くのも早いもんだ。

そもそも何であれ、正しい方法で養い育てさえすれば生長しないものはないんだ。逆に、正しい方法で養い育てようとしなければ、どんな物でも消え失せてしまうさ。

世の中に存在するどれほど生長させやすいものでも、一日だけ温めて十日冷やすようなことをしていたのでは、生長などさせられるわけがないだろうよ。

るところなし。その進《すす》むこと鋭《するど》き者《もの》は、その退《しりぞ》くこと速《すみ》やかなり。

（尽心章句上四四）

苟《いやしく》もその養《やしな》いを得《う》れば、物《もの》として長《ちょう》ぜざることなく、苟《いやしく》もその養《やしな》いを失《うしな》えば、物《もの》として消《しょう》ぜざることなし。

（告子章句上八）

天下《てんか》に生《しょう》じ易《やす》き物《もの》ありといえども、一日《いちじつ》これを暴《あたた》め、十日《じゅうじつ》これを寒《ひや》

山間の小道も、ある期間誰かが常に歩き続けているから路となっているのであって、しばらく誰も歩かなくなると、茅《かや》などで覆《おお》われて塞《ふさ》がれてしまうんじゃないかね。

思いやりが冷酷や非道に打ち勝つのは、あたかも水が火に勝つように自明のことなのさ。ところが、最近の思いやりを心掛けていると称する者は、まるで車に一山《ひとやま》もある薪《たきぎ》が燃え盛っている時に、その焔《ほのお》に向かってコップ一杯の水を掛けているようなものだ。それで火が消えないと、なあんだ、やっ

さば、いまだよく生《しょう》ずるものあらざるなり。（告子章句上九）

山径《さんけい》の蹊《けい》、しばらく介然《かいぜん》としてこれを用《もち》うれば、路《みち》をなす。しばらく用《もち》いざるをなせば、すなわち茅《ぼう》これを塞《ふさ》げり。（尽心章句下二一）

仁《じん》の不仁《ふじん》に勝《か》つは、なお水《みず》の火《ひ》に勝《か》つがごとし。今《いま》の仁《じん》をなす者《もの》は、なお一杯《いっぱい》の水《みず》をもって一車薪《いっしゃしん》の火《ひ》を救《すく》うがご

ぱり水は火に勝てないんだ、思いやりや正義は悪や冷酷に勝てないんだと諦めてしまう。それでは冷酷や非道が世にはびこるのに手を貸しているのと同じじゃないかね。どうして、もっと多くの水を掛けたり、たとえコップ一杯の水でも掛け続けようとしないんだね。

何事かを成そうとする者は井戸を掘る時の心構えを持つべきだぞ。いくら九軔《じん》（二〇メートル強）まで掘り下げたとしても、あとわずかで水脈に到達する直前に掘るのを諦めてしまったんでは、それまでせっかく掘り進んだ井戸を棄てたのと同じ結果になってしまうんじゃないかね。

成功者が他の人と異《ちが》うのは、ただ一点、心をグラつかせず

ときなり。熄《や》まずんば、すなわちこれを水《みず》は火《ひ》に勝《か》たずと謂《い》う。これまた不仁《ふじん》に与《くみ》するの甚《はなは》だしきものなり。（告子章句上一八）

為《な》すことある者《もの》は、たとえば井《せい》を掘《ほ》るがごとし。井《せい》を掘《ほ》ること九軔《きゅうじん》、しかも泉《せん》に及《およ》ばざれば、なお井《せい》を棄《す》つるとなすなり。（尽心章句上二九）

君子《くんし》の人《ひと》と異《こと》なる所以《ゆえん》

に努力し続ける点にあるんだ。先走って結果ばかりを気にせずに、根気よくなすべき事をなし、結果は天に任せるくらいのノンキさが肝心なんだ。

優れた人物が通り過ぎた所では人々は感化され、とどまった所ではその影響力は神妙にして計り知れないほどのものになると言うが、仁愛と正義の流れはいったん生み出されると、身分の上下、天地の隔《へだ》てなく滔々《とうとう》と生み出されるようになるものなんだ。だからいいかね、自分一人だけの力なんて所詮は小っぽけな穴を塞ぐくらいが関の山だと見限らずに、自らが仁愛の最初の流れとなる心意気を持つべきだ。誰もが優れた人物となる能力を持って生まれついているんだよ。自分を

のものは、その心《こころ》を存《そん》するをもってなり。（離婁章句下二八）

君子《くんし》は法《ほう》を行《おこな》いて、もって命《めい》を俟《ま》つのみ。（尽心章句下三三）

それ君子《くんし》の過《す》ぐるところの者《もの》は化《か》し、存《そん》するところの者《もの》は神《しん》なり。上下《じょうげ》、天地《てんち》と流《なが》れを同《おな》じうす。あにこれ小補《しょうほ》すと曰《いわ》んや。（尽心章句上一三）

見限るな！　そうすれば、芽は必ず花開くのだ。

Q14 社会人になる　立派な社会人になる秘訣ってあるんですか？

仁愛という広い住居に住み、天が与えてくれる徳の立場に立ち、正義の大道を歩むことだ。民衆を指導する職を得られたならば民衆とともに仁義礼智を実践拡張し、得られなかった場合には、独りでたゆまず前進する。富や地位に誘惑されることもなく、貧しさに苦しめられても節を曲げず、権威や武力にも屈服しない。そうした志の高い人物が、一人前の社会人と呼ぶに値《あたい》するんだよ。

天下《てんか》の広居《こうきょ》に居《お》り、天下《てんか》の正位《せいい》に立《た》ち、天下《てんか》の大道《だいどう》を行《ゆ》く。志《こころざし》を得《え》れば民《たみ》とこれに由《よ》り、志《こころざし》を得《え》ざれば独《ひと》りその道《みち》を行《おこな》う。富貴《ふうき》も淫《いん》すること能《あた》わず。貧賤《ひんせん》も移《うつ》すこと能《あた》わず。威武《いぶ》も屈《くつ》すること能《あた》わず。此《こ》れこれを大丈夫《だいじょうぶ》と謂《い》う。（滕文公

心をグラつかせない何かよい方法はあるだろうか？　もちろん、あるとも。人生において必ず勝たねばならないなどと結果に惑わされないことだよ。人生の価値は、「結果」にでなく「過程」にこそあるのだからね。結果を懼《おそ》れず正道を歩み続けたまえ。

章句下二）

心《こころ》を**動**《うご》かさざるに**道**《みち》ありや。あり。あに**能**《よ》く**必勝**《ひっしょう》をなさんや。**能**《よ》く**懼**《おそ》るるなきのみ。（公孫丑章句上二）

豆知識5

孟子の生きた時代は、西方の後進国——というよりも野蛮な未開国と蔑《さげす》まれていた秦国が急速に台頭してきた時期と一致していた。

秦を恐れた燕・斉・趙・魏・韓・楚の六国は南北に同盟して秦の伸張を阻《はば》もうとした。これが合従《がっしょう》の策であり、従＝縦に合《がっ》（同盟）するという意味である。この策の提唱者の蘇秦《そしん》は六つの国の宰相を兼任する大出世をした。

しかし六国といえども互いに戦争をしてきたライバルであり、絶えず疑心暗鬼にかられていた。そこにつけ入ったのが、鬼谷《きこく》先生の下で蘇秦と同門だった張《ちょう》儀《ぎ》である。張儀は秦の宰相になると、合従を破棄して秦と同盟を結ぶことの利益を各国に説いて回った。これが連衡《れんこう》の策であり、東西（横）に連合するという意味である。

合従の策が一五年間効力を発揮した後に崩壊すると、張儀は各国を秦と同盟させてバラバラにし、難癖をつけては一国ずつ攻め滅ぼしていった。

蘇秦や張儀が活躍していたのは、孟子が四〇代から六〇代にかけてのことであり、孟子自身も斉や魏（＝梁）の王と会見しているが、孟子が会見した時期の六国はすでに急坂を転げ落ちる状態だった。

秦が天下を統一するのは、孟子の死のおよそ七〇年後のことである。

そうした時代に個人の内面の充実と恒久平和を説いた孟子の気概もさることながら、短期間とはいえ孟子の主張を受け入れた滕《とう》のような小国があったことは瞠目《どうもく》に値しよう。

第四章　政治を正《ただ》す——王道政治の実現——

Q1 政治とは

政治なんて政治家に任せておけばいいことでしょう？

政事《せいじ》なければ、すなわち財用《ざいよう》足《た》らず。（尽心章句下一二）

礼義《れいぎ》なければ、上下《じょうげ》乱《みだ》る。（尽心章句下一二）

仁賢《じんけん》を信《しん》じざれば、すなわち国空虚《くにくうきょ》なり。（尽心章句下一二）

富歳《ふさい》には子弟頼多《していらいおお》く、凶歳《きょうさい》には子弟暴多《していぼうおお》し。天《てん》の才《さい》を降《くだ》すこと、爾《しか》

政治が正しく機能していないと、生活基盤の供給は確保できない。そうなれば、礼儀や正義はすたれて世の中が乱れてしまう。その結果、仁愛を志《こころざ》す人も賢者もいなくなってしまえば、国は空っぽ同然になってしまうだろう。つまり、個人がより良く生活するためには、政治の後押しが必要なのだ。そのためには、誰もが政治に無関心であってはならないんだよ。

豊作の年には、若者たちは善をなすことが多く、凶作の年には悪をなすことが多いものだ。豊年と凶年とによって、天が若者に異なる性格を与えているわけじゃない。凶年になると物資が不足し、物質的欲求に心が引きずられてしまうために、そうなるのだ。

そもそも民衆というものは、生活基盤が安定している時には平常心を保って正しい行動をしていられるが、生活基盤が不安定になると平常心を失いがちなものだ。もしも平常心を失うと、どんな悪事でも好き放題にやってしまいかねないものなんだよ。

く殊《こと》なるにあらざるなり。其《そ》の、その心《こころ》を陥《かん》溺《でき》する所以《ゆえん》のもの然《しか》るなり。（告子章句上七）

民《たみ》の道《みち》たるや、恒産《こうさん》ある者《もの》は恒心《こうしん》あり。恒産《こうさん》なき者《もの》は恒心《こうしん》なし。苟《いやしく》も恒心《こうしん》なければ、放辟邪侈《ほうへきじゃし》なさざるなきのみ。（滕文公章句上三）

Q2 公僕　なにが政治の基本なんですか？

政治の責任者が大切にすべきものは、土地と人民と主権の——**諸侯《しょこう》の宝《たから》は三《さん》あり。**

三点だ。
民衆を一番に重んじ、政治家としての地位は公僕であると知るべきだな。

土地《とち》・人民《じんみん》・政事《せいじ》なり。（尽心章句下二八）

民《たみ》を貴《たっと》しとなし、君《きみ》を軽《かろ》しとなす。（尽心章句下一四）

◎二三〇〇年前の孟子の方が、現在の政治家よりも主権在民を心得ている。

力《ちから》をもって仁《じん》を仮《か》る者《もの》は覇《は》たり。覇《は》は必《かなら》ず大国《たいこく》を有《たも》つ。徳《とく》をもって仁《じん》を行《おこな》う者《もの》は王《おう》たり。王《おう》は大《だい》を待《ま》たず。力《ちから》をもって人《ひと》を服《ふく》する者《もの》は、心服《しんぷく》にあらざるなり。力《ちから》贍《た》らざれば

力に頼って表面だけ思いやりの政治を行っているように装《よそお》っていることを覇道《はどう》政治というのだ。覇道政治を行うには大国である必要がある。力を見せつけなければならないからだ。これに対して、心から仁愛の政策を行うのを王道政治というが、王道政治は大国であることを必要としない。
力によって国民を従わせようとするのでは、心から従わせることなどできっこないよ。国民は従っているように見えても、力が弱くて反抗できないからイヤイヤ従っているに過ぎないんだからな。一方、道義によって人々を説得する王道政治は、民衆を心から喜んで従わせることができる。この心服という信頼関係こそが政治の基本中の基本なのだよ。

◎覇道＝権力政治とは、軍事力のみを意味するものではない。経済力や宗教力など「力」によって相手を屈服させるあらゆる政治体制や政策を意味している。

なり。徳《とく》をもって人《ひと》を服《ふく》する者《もの》は、中心悦《ちゅうしんよろこ》びて誠《まこと》に服《ふく》するなり。（公孫丑章句上三）

覇道政治下の民衆は喜び楽しんでいるように見えても、そうしないと怖《こわ》いから喜び楽しんでいる振りをしているに過ぎないが、王道政治下の民衆は心からゆったりと満ち足りているものだ。しかも、何がそれほどの満足感を与えているのか気づかないほど自然な感情で満ち足りているものなんだよ。

覇者《はしゃ》の民《たみ》は、驩虞如《かんぐじょ》たり。王者《おうしゃ》の民《たみ》は、皥皥《こうこう》如《じょ》たり。しかもこれを為《な》す者《もの》を知《し》らず。（尽心章句上一三）

Q3 他人の悪評

政治家にはどんな能力が必要なんですか？

とかく政治家は、広大な領土や人口の多さを望むものだが、そんなものを得ることを楽しみとしていてはダメだ。国の中央に立って民衆を統治するというのも政治家の楽しみではあるだろうが、それを政治家の本分などと心得るべきではないな。政治家が本分とすべきは、心に根ざした仁愛・正義・礼儀・智識を押し広めることだよ。

政治指導者が思いやりの政策を採《と》れば、民衆は感化されて国中に思いやりの精神を自覚しない者がいなくなり、政治家が正義の政策を採れば、国中に正義の気風がみなぎるものだ。

広土《こうど》・衆民《しゅうみん》は、君子《くんし》これを欲《ほっ》するも、楽《たの》しむ所《ところ》は存《そん》せず。天下《てんか》に中《ちゅう》して立《た》ち、四海《しかい》の民《たみ》を定《さだ》むるは、君子《くんし》これを楽《たの》しむも、性《せい》とする所《ところ》は存《そん》せず。君子《くんし》の性《せい》とする所《ところ》は、仁義礼《じんぎれい》智《ち》、心に根《ね》ざす。（尽心章句上二一）

君仁《きみじん》なれば、仁《じん》ならざることなく、君義《きみぎ》なれば、義《ぎ》ならざることなし。（離婁章句下五）

政治家が善を好めば、国を安定させてなお余りあるほどになるものだよ。

賢者は、自分が持つ輝かしい道徳的感化力によって民衆を道徳に目覚めさせるものだが、昨今の政治家ときたら、自分が人格的に劣っていることを棚に上げて、民衆に向かって人格を磨けと命令ばかりしている有り様だ。

わたしはこれまでに自分の不正を棚に上げておいて人を正しく導けた者がいたなど聞いたことがないよ。ましてや恥さらしな行為をしておきながら、世の中を良くした例などまったく見たことも聞いたこともないね。

善《ぜん》を好《この》めば天下《てんか》に優《ゆう》なり。（告子章句下一三）

賢者《けんしゃ》はその昭昭《しょうしょう》をもって、人《ひと》をして昭昭《しょうしょう》たらしむ。今《いま》は、その昏昏《こんこん》をもって、人《ひと》をして昭昭《しょうしょう》たらしめんとす。（尽心章句下二〇）

吾《われ》いまだ己《おのれ》を枉《ま》げて人《ひと》を正《ただ》す者《もの》を聞《き》かざるなり。いわんや己《おのれ》を辱《はずか》しめて、もって天下《てんか》を正《ただ》す者《もの》をや。（万章章句上七）

Q4 政治家の本分

王道政治とは、どんな政治なんですか？

国民が家族を十分に養え、家族の誰かが亡くなった時には幸せな一生だったねと懇《ねんご》ろに弔《とむら》えるような生活を保障するのが、王道政治の第一歩だ。

齢《とし》をとって妻のいないのを鰥《かん》といい、夫のいないのを寡《か》という。齢をとって子がいないのを独といい、幼くして父親のいないのを孤という。この四者は世の中で最も物質的かつ精神的支えを必要としている者たちだが、窮状を訴える場もない者たちでもあるんだよ。かつて聖君主と讃《たた》えられた文王が思いやりの政治を行った時には、まず真っ先にこの四者を救うことから始めたものだ。

生《せい》を養《やしな》い死《し》を喪《そう》して憾《うら》みなきは、王道《おうどう》の始《はじ》めなり。（梁恵王章句上三）

老《お》いて妻《つま》なきを鰥《かん》と曰《い》い、老《お》いて夫《おっと》なきを寡《か》と曰《い》う。老《お》いて子《こ》なきを独《どく》と曰《い》い、幼《よう》にして父《ちち》なきを孤《こ》という。この四者《ししゃ》は、天下《てんか》の窮民《きゅうみん》にして告《つ》ぐるなき者《もの》なり。文王《ぶんおう》、政《まつりごと》を発《はっ》し仁《じん》を施《ほどこ》すに、必《かなら》ずこの四者《ししゃ》を先《さき》にす。（梁恵王章句

下五)

◎文王は周王朝の開祖である武王の父。諸侯から信望を得て西伯と呼ばれた。

農作業の忙しい時に農民を使役するのをやめれば、穀物は食べきれないほど収穫できるようになる。池に目の細かい網を入れて小魚まで取り尽くすようなことを禁止すれば、魚やスッポンは繁殖して誰もが口にできるようになる。樹木の伐採の時期を調整すれば、材木は使い切れないほど豊富に生長するものだ。そのような政策こそが、民衆を十分に生かし、死んだ者を懇《ねんご》ろに弔《とむら》える王道政治と呼べるものなんだよ。

農時《のうじ》を違《たが》えずんば、穀《こく》あげて食《くら》うべからず。数罟《そくご》洿池《おち》に入《い》らずんば、魚鼈《ぎょべつ》あげて食《くら》うべからず。斧斤《ふきん》時《とき》もって山林《さんりん》に入《い》れば、材木《ざいもく》あげて用《もち》うべからず。これ民《たみ》をして生《せい》を養《やしな》い死《し》を喪《そう》して憾《うら》みなからしむるなり。（梁恵王章句上三）

家の宅地は二六〇坪（約八・六アール）ほどに仕切り、桑の木を植えさせて養蚕を行わせれば、五十歳くらいに達した者はみな絹の服を着て暮らせるようになる。鶏や子豚や犬や母豚の畜産を奨励して、食用とする時期を誤りなく農民に教えれば、畜類は繁殖して七十歳の老人はいつでも肉を口にできるようになる。一夫婦に一町七反《たん》（約一七〇アール）強の口分田を与え、使役を減らして農作業を十分に行えるようにさせれば、五〜六人の家族は楽に生活でき、餓えることなどなくなるんだ。

その上で、民衆には学校で勤労の大切さを教え、さらに年長者や老人を尊重する気風を育てれば、年寄りは道路で重い物を担《かつ》ぐような重労働から解放され、七十歳の高齢者は絹の

五畝《ごほ》の宅《たく》、これに樹《う》うるに桑《くわ》をもってせば、五十《ごじゅう》の者《もの》、もって帛《はく》を衣《き》るべし。鶏豚狗《けいとんこう》彘《てい》の畜《ちく》、その時《とき》を失《うしな》うなくんば、七十《じゅう》の者《もの》、もって肉《にく》を食《くら》うべし。百畝《ひゃっぽ》の田《でん》、その時《とき》を奪《うば》うなくんば、数口《すうこう》の家《いえ》、もって飢《う》うるなかるべし。（梁恵王章句上三）

庠序《しょうじょ》の教《おし》えを謹《つつし》み、これに申《かさ》ぬるに孝悌《こうてい》の義《ぎ》をもってせば、頒白《はんぱく》

衣服を着て肉類を口にして安楽な余生を送れるようになり、少・壮年者だって飢えたり凍《こご》えたりしないですむようになるんだ。
そうした政策を採《と》ってごらん。それで王者と慕《した》われなかった者など大昔から現在にいたるまでいたためしはないんだからね。

の者《もの》道路《どうろ》に負戴《ふたい》せず、七十《しちじゅう》の者《もの》帛《はく》を衣《き》、肉《にく》を食《くら》い、黎民《れいみん》餓《う》えず寒《こご》えず。然《しか》り而《しこ》うして王《おう》たらざる者《もの》は、未《いま》だこれあらざるなり。（梁恵王章句上三）

Q5 自己責任　老後の生活は自己責任でしょう？

優れた政治家は、まず民衆の農業生産による収入額を算定して、必ず上は父母を安楽に暮らさせるに十分な、下は妻子を養うに十分な税の取り方をするものだ。豊作の年には食事に飽きてしまうほどたらふく食べられ、凶作の年でも餓死したりしないような税の取り方をするんだよ。その上で、民衆

明君《めいくん》、民《たみ》の産《さん》を制《せい》する、必《かなら》ず仰《あお》いではもって父母《ふぼ》に事《つか》うるに足《た》り、俯《ふ》してはもって妻子《さいし》を畜《やしな》うに足《た》り、楽歳《らくさい》には

に善を行うように促すのだから、民衆もたやすく善を行うようになるものなんだ。

そういう理《ことわり》を知っているから、優れた政治家は民衆に対して威張りくさったりせずに礼儀をもって接し、税金を取るには必ず一定の歯止めを設けるものなんだよ。

ところが今時《いまどき》の政治家の税金の算定方法ときたら、上は父母を下は妻子を十分に養うどころか、豊作でも飢えに苦しみ、凶作になったら一〇〇パーセント餓死間違いなしときている。そのため、民衆は我が身一つすら死を避けられずパニ

終身《しゅうしん》飽《あ》き、凶年《きょうねん》には死亡《しぼう》を免《まぬか》れしむ。然《しか》る後《のち》、駆《か》りて善《ぜん》にゆかしむ。故《ゆえ》に民《たみ》のこれに従《したが》うや軽《かる》し。（梁恵王章句上七）

この故《ゆえ》に賢君《けんくん》は必《かなら》ず恭倹《きょうけん》にして下《しも》を礼《れい》し、民《たみ》に取《と》るに制《せい》あり。（滕文公章句上三）

今《いま》や民《たみ》の産《さん》を制《せい》して、仰《あお》いではもって父母《ふぼ》に事《つか》うるに足《た》らず、俯《ふ》してはもって妻子《さいし》を畜《やしな》う

ック状態に陥《おちい》り、とてもじゃないが他人に対する礼儀や正義など実践する余裕を失ってしまっているんだ。

凶作や飢饉《ききん》の年には、老人や子供は餓死して、捨てられた遺体が溝や谷を埋め尽くすほどになっており、故郷を捨てて離散する若者が幾千人いるか知れない状態だ。にもかかわらず、政府の米蔵は溢《あふ》れ返り、金銭も十分にある。なのに、役人たちは民衆の窮状を上司に報告しようとすらしない。これを見れば国民の惨状の原因が凶作や民衆の自己責任なんかでないことは明々白々だろうよ。政治家の怠慢が原因であって、

に足《た》らず、楽歳《らくさい》には終身苦《しゅうしんくる》しみ、凶年《きょうねん》には死亡《しぼう》を免《まぬか》れず。これただ死《し》を救《すく》いて、しかも贍《た》らざるを恐《おそ》る。なんぞ礼義《れいぎ》を治《おさ》むるに暇《いとま》あらんや。（梁恵王章句上七）

凶年飢歳《きょうねんきさい》には、君《きみ》の民《たみ》、老弱《ろうじゃく》は溝壑《こうがく》に転《てん》じ、壮者《そうしゃ》は散《さん》じて四方《しほう》にゆく者《もの》、幾千人《いくせんにん》ぞ。しかるに君《きみ》の倉廩《そうりん》は実《み》ち、府庫《ふこ》は充《み》つ。有司《ゆうし》もって告《つ》ぐるなし。こ

政治家が庶民を痛めつけているんだ。

人を殺すのに、棒で殴り殺すのと刃物で刺し殺すのとに相異があるだろうかね？　人殺しという点ではまったく同じだろうよ。では、刃物で刺し殺すのと、悪政で殺すのとに相異があるだろうかね？　あるわけがなかろうよ。

餓死者が出ていながら、犬やブタが人間の有り余った食べ残しをたらふく食べて肥《こ》えている。だのに食糧の流通の偏《かたよ》りを調べて正そうともせず、道にホームレスが溢れていても、米蔵を開いて救おうともしない。人が餓死すると、政治家はこれは凶作のせいで、自分の責任ではないと平然と抜かす。それではまるで、人を刀で刺し殺しておいて、「自分が殺したんじゃない。この刀が殺したんだ」とウソぶいているのとまったく変わりないじゃないかね。

れ上慢《かみまん》にして、下《しも》を残《そこな》うなり。（梁恵王章句下一二）

人《ひと》を殺《ころ》すに梃《てい》をもってすると、刃《やいば》をもってすると、異《こと》なるあるか。もって異《こと》なるなきなり。刃《やいば》をもってすると、政《まつりごと》と、もって異《こと》なるあるか。異《こと》なるなきなり。（梁恵王章句上四）

狗彘《こうてい》人の食《しょく》を食《くら》えども、検《けん》するを知《し》らず。塗《みち》に餓莩《がひょう》あれども発《はっ》するを知《し》らず。人死《ひとし》す

かの悪名高い夏《か》の桀王《けつおう》や殷《いん》の紂王《ちゅうおう》が天下を失ったのは、民衆の信頼を失ったからだよ。民衆の信頼を得るには方法がある。民衆が欲するものを与え、民衆が欲するものを増《ふ》やし、民衆が嫌がるものを施さないようにすることだ。

れば、すなわち我《われ》にあらざるなり、歳《とし》なりと曰《い》う。これ何《なん》ぞ人《ひと》を刺《さ》してこれを殺《ころ》し、我《われ》にあらざるなり、兵《へい》なりと曰《い》うに異《こと》ならんや。

（梁恵王章句上三）

桀紂《けっちゅう》の天下《てんか》を失《うしな》うや、その民《たみ》を失《うしな》えばなり。その民《たみ》を得《う》るに道《みち》あり。欲《ほっ》する所《ところ》はこれを与《あた》え、これを聚《あつ》め、悪《にく》む所《ところ》は施《ほどこ》すなきのみ。

（離婁章句上九）

民衆に田畑などの生活基盤を十分に与えて税率を低くすれば、民衆を富ますことができる。政治家自身が季節に合ったものを食べるなど贅沢を避け、交際も礼儀にかなった範囲で行って出費を抑《おさ》えれば、税金の無駄遣いもなくなり、民衆に重税を課さなくても国の財貨は使い切れないほど豊かになるものなのだ。

その田疇《でんちゅう》を易《おさ》めしめ、その税斂《ぜいれん》を薄《うす》くせば、民《たみ》を富《と》ましむ可《べ》きなり。これを食《やしな》うに時《とき》をもってし、これを用《もち》うるに礼《れい》をもってすれば、財《ざい》用《もち》うるに勝《た》うべからざるなり。（尽心章句上二三）

◎夏桀殷紂は、酒池肉林や炮烙《ほうらく》の刑で知られる古代中国の代表的な二暴君。

夏《か》・殷《いん》・周《しゅう》の三代の王朝が天下を得られたのは、それぞれの王朝の禹《う》王・湯《とう》王・文《ぶん》王が思いやりの王道政治を行った結果だ。三王朝が亡んだのは、桀王や紂王や幽王が覇道による冷酷非道な政治を行った結果だ。他のいずれの国の存亡興廃もまったく同じ理由によっているのさ。国の指導者が冷酷非

三代《さんだい》の天下《てんか》を得《う》るや仁《じん》をもってし、その天下《てんか》を失《うしな》うや不仁《ふじん》をもってす。国《くに》の廃興存亡《はいこうそんぼう》する所以《ゆえん》のものも、また然《しか》

道ならば国を維持することなどできっこないし、政治家が冷酷非道なら地盤を守ることなどできっこないし、一般庶民が冷酷非道ならば自分の健康を維持することすらできなくなるものなんだぞ。衰微したり亡んだりすることを忌《い》み嫌いながら、仁愛の流れを押し広げるのなんて真っ平だとソッポを向いて冷酷非道を楽しんでいる連中は、酔っぱらいたくないと言いながら酒をたらふく呷《あお》っているようなものだ。

　老人が安楽に暮らせる政治が行われている国には思いやりの精神に共鳴する有能な人々が慕《した》い集まり、結果的に国は一

り。天子《てんし》不仁《ふじん》なれば、四海《しかい》を保《たも》たず。諸侯《しょこう》不《ふ》仁《じん》なれば、社稷《しゃしょく》を保《たも》たず。卿大夫《けいたいふ》不仁《ふじん》なれば、宗廟《そうびょう》を保《たも》たず。士庶人《しじょじん》不仁《ふじん》なれば、四体《したい》を保《たも》たず。今《いま》、死亡《しぼう》を悪《にく》んでしかも不仁《ふじん》を楽《たの》しむは、これなお酔《よ》うことを悪《にく》んで、しかも酒《さけ》を強《し》うるがごとし。（離婁章句上三）

天下《てんか》に善《よ》く老《ろう》を養《やしな》うものあれば、すなわち

層栄えるようになるものだ。老人をどのように扱っているかは、一国が栄えるか亡びるかのバロメーターでもあるんだぞ。

仁人《じんじん》もって己《おのれ》が帰《き》となす。（尽心章句上二二）

Q6 利権政治

国民に金儲けの方法を教える方が手っ取り早いじゃないですか？

政治権力者は、どうして口を開けば何か我が国の利益になることはないかと言い、政治家は我が地盤の利益を増す方法はないかと言い、庶民はどうすれば我が身の利益になるかとばかり口にするんだね？　そんなふうに上から下までが利益優先に凝《こ》り固《かた》まってしまったならば、国の行く末は真っ暗だぞ。一万の物の中から千を与えられても、千の中から百を与えられても誰も満足しなくなるのだ。正義を後回しにして利益を優先させたなら、結局は誰も彼もが私利私欲に走り、洗いざらい奪い取らないでは満足できない精神状態に陥《おちい》ってしまうものなんだからな。

王《おう》は何《なに》をもって吾《わ》が国《くに》を利《り》せんと曰《い》い、大夫《たいふ》は何《なに》をもって吾《わ》が家《いえ》を利《り》せんと曰《い》い、士庶人《ししょじん》は何《なに》をもって吾《わ》が身《み》を利《り》せんと曰《い》い、上下《しょうか》交々《こもごも》利《り》を征《と》らば、国危《くにあや》うし。万《まん》に千《せん》を取《と》り、千《せん》に百《ひゃく》を取《と》るも、多《おお》からずとなさず。苟《いやし》くも折り詰め弁当一箇とワンカップのミソ汁のようなわずかな飲食物でも、それがあれば生き延びられるが、なければ飢え死にするような切羽《せっぱ》詰まった瞬間があるものだ。でも、そうした瞬間ですら、怒鳴りつけて飲食物を与えたなら、浮浪者だって受け取ろうとはしないだろうよ。蹴飛ばして与えたなら乞食だって受け取るのを潔《いさぎよ》しとしないだろうよ。にもかかわらず、高給取りや金持ちになると、礼儀や道理にお構いなしに平気で金品を受け取るようになるんだ。すでに金は腐るほど持っており、さらに受け取ったところで大した利益になりはしないというのにだ。以前には、我が身が飢え死にす

義《ぎ》を後《あと》にして利《り》を先《さき》にすることをなさば、奪《うば》わずんば饜《あ》かず。（梁恵王章句上一）

一箪《いったん》の食《し》、一豆《いっとう》の羹《こう》も、これを得《う》ればすなわち生《い》き、得《え》ざればすなわち死《し》す。嘑爾《こじ》としてこれを与《あた》うれば、道《みち》を行《ゆ》く人《ひと》も受《う》けず。蹴《しゅく》爾《じ》としてこれを与《あた》うれば、乞人《きつじん》も屑《いさぎよ》しとせざるなり。万鍾《ばんしょう》はすなわち礼義《れいぎ》を弁《べん》ぜ

るかも知れない瀬戸際でさえ礼節に適《かな》わないで提供された飲食物を敢然《かんぜん》と拒否できたのに、少しばかり裕福になると、住居をさらに美しく飾るためや妻や愛人にさらなる贅沢三昧をさせるために、どんな不正・不法なやり方で提供された金品でも平然と受け取るようになるんだ。これは、押しとどめようのない天然自然の人間性なのだろうかね？　そうではなかろうよ、利益中心主義に凝り固まったために人間本来の心を見失ってしまっている結果なんだよ。

　人に仕える者が利益中心で上司に接し、子供が利益中心で親に接し、弟が利益中心で兄に接したなら、君臣・親子・兄

ずしてこれを受《う》く。万鍾《ばんしょう》我《われ》において何《なに》をか加《くわ》えん。郷《さき》には身《み》の死《し》するがためにして受《う》けず。今《いま》は宮室《きゅうしつ》の美《び》のためにしてこれをなす。妻妾《さいしょう》の奉《ほう》のためにしてこれをなす。これまた以《もっ》て已《や》む可《べ》からざるか。此《こ》れ、これを其《そ》の本心《ほんしん》を失《うしな》うと。（告子章句上一〇）

人《ひと》の臣《しん》たる者《もの》、利《り》を懐《いだ》きてもってその君《きみ》に事《つか》

弟関係からは情愛や信義が抜け落ちて利益だけの世界になっちまうのは当然だ。そんな状態になって亡びなかった国や家など古今東西あったためしはないんだからな。

一番鶏《いちばんどり》が鳴いて起き出すやいなや、ひたすら利益をあげることばかり考えている者は、あの大泥棒の蹠《せき》の仲間と言っていい。

え、人《ひと》の子《こ》たる者《もの》、利《り》を懐《いだ》きてもってその父《ちち》に事《つか》え、人《ひと》の弟《おとうと》たる者《もの》、利《り》を懐《いだ》きてもってその兄《あに》に事《つか》えなば、これ君臣《くんしん》・父子《ふし》・兄弟《けいてい》、ついに仁義《じんぎ》を去《さ》り、利《り》を懐《いだ》きて相接《あいせつ》するなり。然《しか》り而《しこ》うして亡《ほろ》びざるものは、未《いま》だこれあらざるなり。（告子章句下四）

鶏《けい》鳴《な》きて起《お》き、孳孳《しし》として利《り》をなす者《もの》は、蹠《せき》の徒《と》なり。（尽心章句上二五）

政治の最高責任者が正義を行わず、思いやりの政策を採《と》ろうともしないのに、逆に彼に甘い汁を与えてさらに富まそうとしている取り巻き連中は、「懐刀《ふところがたな》」などと忠義者呼ばわりされているかもしれないが、昔ならば民衆の敵として糾弾されるべき大悪党だ。
政治家たるもの、どうして利益利益と口にする必要があるだろうかね。思いやりや正義をこそ口にすべきだろうよ。

君《きみ》、道《みち》に郷《むか》わず、仁《じん》に志《こころざ》さざるに、しかもこれを富まさんことを求《もと》む。今《いま》のいわゆる良臣《りょうしん》は、古《いにしえ》のいわゆる民《たみ》の賊《ぞく》なり。(告子章句下九)

何《なん》ぞ必《かなら》ずしも利《り》と曰《い》わん。また仁義《じんぎ》あるのみ。(梁惠王章句上一)

◎公正な市場を確保する「市場経済」主義と、社会の一切を金銭で割り切る「市場社会」主義とは、似て非なるものである。後者は、一見効率的な社会を生みだすかに見えるが、結局は拝金主義や社会分裂を生みだして終わる。そのことに孟子は気づいていた。ところが今や、経済のグローバル化の名の下に政治家や起業家や経済学者までが金銭一辺倒に陥《おちい》っているのだ。

Q7 政治家の発言

良い政治家を判定する基準はありますか？

言葉が卑近で分かりやすいが、それでいて意味するところは奥深い、そういう民衆の心の琴線に触れる表現のできることが政治家の第一の条件だ。公約は簡潔で、しかも公平なものであること。そのためには、政治家の言葉は、小難しくなく身近であって、道理が通っていなければダメだ。そのためにも、まずは、自らが思いやりの精神を発揮し、その結果として天下を平和に導くように心掛けられる者であることが肝心だ。

偏《かたよ》った発言は心が偏っている証拠であり、下品な発言は心が下品に陥っている証拠であり、道理に合わない発言は心が正義から離れている証拠であり、言い逃れ発言は、心が行き詰まっている証拠だ。政治家の発言がそうした誤った観点か

言近《げんちか》くして指遠《むねとお》きものは、善言《ぜんげん》なり。守《まも》ること約《やく》にして施《ほどこ》すこと博《ひろ》きものは、善道《ぜんどう》なり。君子《くんし》の言《げん》や、帯《おび》を下《くだ》らずして道存《みちそん》す。その身《み》を修《おさ》めて天下《てんか》平《たい》らかなり。（尽心章句下三二）

詖辞《ひじ》はその蔽《おお》うところを知《し》る。淫辞《いんじ》はその陥《おちい》るところを知《し》る。邪《じゃ》辞《じ》はその離《はな》るるところ

ら生じていれば、そうした言葉が政治に悪影響を与えるのは当然なことさ。

軽々しい発言というのは、自分の言葉に責任を持とうとしない心の現われだよ。

まだ言うべき時期でないのに言うのは、人の心を探り取ろうとの下心がある証拠であり、言わねばならない時に言わないのは、人の心を騙《だま》し取ろうとの魂胆から生じているものだ。いずれも盗みと同類の行為であって、政治家のなすべきことではないのはもちろんだ。

を知《し》る。遁辞《とんじ》はその窮《きゅう》するところを知《し》る。その心《こころ》に生《しょう》ずれば、その政《まつりごと》に害《がい》あり。その政《まつりごと》に発《はっ》すれば、その事《こと》に害《がい》あり。（公孫丑章句上二）

人《ひと》のその言《げん》を易《やす》くするは、責《せめ》なきのみ。（離婁章句上二二）

士《し》いまだもって言《い》うべからずして言《い》う、これ言《い》うをもってこれを餂《と》るなり。もって言《い》うべくして言《い》わざる、これ

立派なスローガンを掲げる政治家も結構だが、肉声を民衆の心の琴線にまで到達させられる政治家には及ばないな。善政を施そうとするのなら、しっかりとした教育を身につけた民衆を造り出すのが一番なんだ。善政を施せば民衆は畏《おそ》れ入って受け入れはするだろうが、よい教育を施せば民衆は熱愛して受け入れるものさ。善政を施せば国は民衆から安定した税収を得られるようになるだろうが、よい教育を施せば、民衆の心まで得られるようになるものなんだよ。

言《い》わざるをもってこれを餂《と》るなり。これ皆《みな》、穿踰《せんゆ》の類《るい》なり。（尽心章句下三一）

仁言《じんげん》は、仁声《じんせい》の人《ひと》に入《い》るの深《ふか》きにしかざるなり。善政《ぜんせい》は、善教《ぜんきょう》の民《たみ》を得《う》るにしかざるなり。善政《ぜんせい》は民《たみ》これを畏《おそ》れ、善教《ぜんきょう》は民《たみ》これを愛《あい》す。善政《ぜんせい》は民《たみ》の財《ざい》を得《え》、善教《ぜんきょう》は民《たみ》の心《こころ》を得《う》。（尽心章句上一四）

Q8 言うべきこと

要するに有言実行であればいいんでしょう？

真の政治家は、言ったことを絶対に変えなかったり、やり始めたことは何が何でもゴリ押しするというもんじゃない。道理に照らして非があれば、前言を撤回したり、途中で行動を中止したりする勇気を持っているものだ。

自ら反省して至らない点があった場合は、どんなに粗末な服装をした賤《いや》しい身分の者の指摘に対してでも懼《おそ》れ憚《はばか》り改める――そうした自省心が肝心なんだよ。

昔の優れた政治家は過失があればすぐに改めたものだ。ところが、昨今の政治家ときたら間違っても、自説にしがみつこうとする。昔の大政治家は過失を犯した場合には包み隠そ

大人《たいじん》なる者《もの》は、言《げん》必《かなら》ずしも信《しん》ならず、行《おこな》い必《かなら》ずしも果《か》ならず。ただ義《ぎ》のあるところのままなり。（離婁章句下一一）

自《みずか》ら反《かえり》みて縮《なお》からずんば、褐寛博《かつかんぱく》といえども、吾《われ》惴《おそ》れざらんや。（公孫丑章句上二）

且《か》つ古《いにしえ》の君子《くんし》は、過《あやま》てばすなわちこれを改《あらた》む。今《いま》の君子《くんし》は、過《あやま》て

うとしなかったから、その過失は民衆の目には日食や月食のように明白に分かったものなのだ。だから指導者が過失を改めると、民衆は再び信頼して日月を仰ぐように従ったもんなんだよ。ところが昨今の政治家ときたら、過失をゴリ押しするばかりか、こじつけの自己弁護に終始している始末だ。

今の政治家は、部下が誤りを諫《いさ》めても改めようとしない。忠告にも耳を貸さない。当然、恩恵が民衆に施されることなど皆無ときている。

ばすなわちこれに順《したが》う。古《いにしえ》の君子《くんし》は、その過《あやま》つや、日月《じつげつ》の食《しょく》するがごとし。民皆《たみみな》これを見《み》る。その更《あらた》むるに及《およ》んでや、民皆《たみみな》これを仰《あお》ぐ。今《いま》の君子《くんし》は、あにただにこれに順《したが》うのみならんや。また従《したが》ってこれが辞《じ》をなす。
（公孫丑章句下九）

今《いま》や臣《しん》となりて、諫《いさ》めはすなわち行《おこな》われず、言《げん》はすなわち聴《き》かれ今、ここに毎日隣の家の鶏を盗む者がいたとしよう。ある人がその盗《ぬす》っ人《と》に向かって「そういう行為は真っ当な人間がすべきことでないから、やめなさい」と諫めたとしよう。すると、「分かった。じゃあ、一日一羽盗んでいるのをやめて、月に一羽ずつ盗むことにして、来年になったら盗むのを完全にやめることにするよ」と答えたとしたら、どうだろうかね？もしも自分の行為が正義や道理に反すると知ったなら、ただちにやめるのが当然だろうよ。どうして来年になったらやめるなどと先延ばしする必要があるんだね。本気でやめる気なら、そんな言い方をする必要はなかろうよ。今の政治家の言い訳は、この喩《たと》え話の盗っ人のようなものさ。

ず。膏沢《こうたく》は民《たみ》に下《くだ》らず。

（離婁章句下三）

今《いま》、人《ひと》日々《ひび》にその隣《となり》の鶏《にわとり》を攘《ぬす》む者《もの》あらんに、ある人《ひと》これに告《つ》げて曰《いわ》く、これ君子《くんし》の道《みち》に非《あら》ず、と。曰《いわ》く、請《こ》うこれを損《そん》して月《つき》に一鶏《いっけい》を攘《ぬす》み、もって来年《らいねん》を待《ま》ち、しかる後《のち》にやめん、と。もしその義《ぎ》に非《あら》ざるを知《し》らば、ここに速《すみ》やかにやめんのみ。なんぞ来年《らいねん》を待《ま》たんや。

（滕文公章句下八）

◎民意に逆らい自説をゴリ押しすることを有言実行と誤解している政治家が少なくない。民意に謙虚に耳を傾けることこそ政治家の真の勇気である。

Q9 人を見出す　他に政治家に必要な条件はありますか？

天下万民のために公正に人材登用ができる者を仁愛の自覚者と言うのだ。

賢者を用いなければ、国は亡んでしまう。領土を失うくらいですまされないんだぞ。

賢者を喜んで登用すると口先で言う政治家は多いが、実際には賢者を採用せず、採用したとしても能力を十分に発揮さ

天下《てんか》のために人《ひと》を得《う》る者《もの》、これを仁《じん》という。（滕文公章句上四）

賢《けん》を用《もち》いざれば、すなわち亡《ほろ》ぶ。削《けず》らるること何《なん》ぞ得《う》べけんや。（告子章句下六）

賢《けん》を悦《よろこ》びても挙《あ》ぐること能《あた》わず、また養《やしな》う

せようとしないのでは、賢者を喜んで登用しているとは、とてもじゃないが言えないな。

こと能《あた》わずんば、賢《けん》を悦《よろこ》ぶと謂《い》うべけんや。（万章章句下六）

Q10 大人《たいじん》なる者

人材登用って、どうすりゃいいんですか？

天下のために人を採用するのは難しいことだ。左右の者全員が「あの人は賢人だ」と言ってもまだ用いてはいけない。重役たちが全員そう言ってもまだ用いてはならない。国民がこぞってそう言ったなら、よくよく観察して、それから用いるくらいの慎重さが望ましい。

天下《てんか》のために人《ひと》を得《う》るは難《かた》し。（滕文公章句上四）左右《さゆう》みな賢《けん》なりと曰《い》うも、いまだ可《か》ならざるなり。諸大夫《しょたいふ》、賢《けん》なりと曰《い》うも、いまだ可《か》ならざるなり。国人《こくじん》みな賢《けん》なりと曰《い》い、しかる後《のち》にこれを察《さっ》し、賢《けん》なただ漫然と政治権力者に仕えている者がいる。そうした者は、権力者が受け入れそうなことだけを言い、受け入れられるとそれで満足して終わってしまう。国を保全する部下という者がいる。これは国が保全されれば、それで満足して道義を考えない。天民という者がいる。これは今行《おこな》ったなら上手くいくかいかないかを判断し、上手くいきそうな場合にだけ正道を歩む者だ。大人《たいじん》という者がいる。これは、何時《いつ》いかなる時でも正道を歩み、その感化ですべての人々に正道を歩ませることのできる人物のことだよ。

るを見《み》て、しかる後《のち》これを用《もち》いよ。（梁恵王章句下七）

君《きみ》に事《つか》うる人《ひと》なる者《もの》あり。この君《きみ》に事《つか》うれば、すなわち容悦《ようえつ》をなす者《もの》なり。社稷《しゃしょく》を安《やす》んずる臣《しん》なる者《もの》あり。社《しゃ》稷《しょく》を安《やす》んずるをもって悦《えつ》をなす者《もの》なり。天《てん》民《みん》なる者《もの》あり。達《たつ》して天下《てんか》に行《おこな》うべくして、しかる後《のち》にこれを行《おこな》う者《もの》なり。大人《たいじん》なる者《もの》あ

ただ大人と呼べる人物だけが政治権力者の心の誤りを正し、正道を歩ませることができる者なのだ。国の指導者が思いやりの精神を発揮すれば、国中に思いやりの精神を発揮しようとしない者はいなくなり、正義を好めば正義を好まない国民はいなくなり、公正を好めば公正でない国民はいなくなるのだ。つまりだ、政治権力者に仕える者は権力者を正す任務を負っており、彼等がその任務を真っ当に果たせば、国は自然と安泰となるものなんだよ。

り。己《おのれ》を正《ただ》しくして、しかして物《もの》正《ただ》しき者《もの》なり。（尽心章句上一九）

ただ大人《たいじん》のみ能《よ》く君《きみ》の心《こころ》の非《ひ》を格《ただ》すことをなす。君仁《きみじん》なれば仁《じん》ならざることなく、君義《きみぎ》なれば義《ぎ》ならざることなく、君正《きみただ》しければ正《ただ》しからざることなし。一《ひと》たび君《きみ》を正《ただ》しくして、しかして国定《くにさだ》まる。（離婁章句上二〇）

だから、大仕事をしようと思う政治家は、用がある時に呼びつけるのではなく、自分から出かけて行くような重みのある相談役を持つべきなんだ。相談事はそのような者に相談する。政治家がそのように人徳を尊び道理に従うことを楽しまないようでは、政治家に協力しようとする者などいなくなっちまうのは当然なことさ。

故《ゆえ》にまさに大《おお》いに為《な》すあらんとする君《きみ》は、必《かなら》ず召《め》さざるところの臣《しん》あり。謀《はか》ることあらんと欲《ほっ》すれば、すなわちこれに就《つ》く。その徳《とく》を尊《とうと》び道《みち》を楽《たの》しむこと、かくのごとくならざれば、ともに為《な》すあるに足《た》らざるなり。（公孫丑章句下二）

◎政治家たるものは、イエスマンだけで身のまわり周《まわ》りを固めてはならない。

豆知識6

中国で「城」とは町や市の意味であり、町や市の外郭全体を煉瓦《れんが》や石造りの城壁で囲ったものをいう。耕作地は城壁の外にあり、敵が攻めてくると農民も商人もすべて城壁内に逃げ込んで城門を閉めて防戦した。

城の多くは川沿いに造られているが、これは飲料水を得るのに便利であるのと同時に、堅固な城壁を造るための上質の粘土を大量に必要としたためである。粘土で日干《ひぼ》し煉瓦を造り、高さ一〇メートル、上端の幅が薄くても四〜五メートルの城壁に積み上げていくのだ。

戦争となると、市民も兵隊も区別なく戦うことになる。川沿いだから井戸の水に不足はないが食糧は備蓄してあってもすぐに尽きてしまう。

そうなると動物から昆虫から雑草や壁土まで煮て食べるが、それも尽きると、人を食べ始める。若い女性は子孫を残す必要があるから老婆から食べる。広場にはそのための大釜が備えられてあり、絞め殺した老婆を裸にして煮込み、浮き上がった髪や体毛を取り除くと、肉や骨の溶け込んだスープができる。それに塩味をつけて配るのだ。

老婆を食べ尽くすと、戦闘に役立たない小児を食べるが、さすがに我が子を食べるのは不憫なので、子供を交換して食べる。

つまり中国の戦争は、一般市民は逃げ出せる日本の戦国時代の戦争とは根本的に異《ちが》うのだ。市民は常に無差別殺戮の危険にさらされており、そうした状況を背景に孟子の主張はなされているのだ。

Q 11 官職の心得

他にも政治家に仕える者の心得はありますか?

官職にある者は、その職務を遂行できなくなったなら辞職すべきであり、指導者を諫《いさ》める立場にある者は、諫めが聞き入れられない場合は、未練がましく地位に留まることなく、すみやかに辞任すべきだ。

権力者に向かって忠告できないと言う者は、自分は消極的態度を採《と》っているつもりだろうが、むしろ指導者を積極的にダメにしているに等しいんだぞ。

自分より地位や財力のある者に向かって説得したり忠告をしたりする時には、相手の地位や財力を無視してかかることが肝心だ。そもそも彼等が保持している地位や財産など、わたしにとっては、たとえ得られるにしても得たいとも思わな

官守《かんしゅ》ある者《もの》は、その職《しょく》を得《え》ざればすなわち去《さ》り、言責《げんせき》ある者《もの》は、その言《げん》を得《え》ざればすなわち去《さ》ると。(公孫丑章句下五)

その君《きみ》能《あた》わずと謂《い》う者《もの》は、その君《きみ》を賊《そこな》う者《もの》なり。(公孫丑章句上六)

大人《たいじん》に説《と》くには、すなわちこれを藐《かろ》んぜよ。その巍巍然《ぎぎぜん》たるを視《み》ることなかれ。彼《かれ》にある

いものだ。そういう心構えだったからこそ、わたしは王侯貴族の前でも少しも気後《きおく》れすることなく忠告してこられたんだよ。

正当な理由がなければ、たとえ一箇の折り詰め弁当さえ受け取ってはならん。

人に仕える者は、自分の実績以上に名前や評判が立つことを恥とすべきだ。

ものは、みな我《わ》がなさざる所《ところ》なり。吾《われ》なんぞ彼《かれ》を畏《おそ》れんや。（尽心章句下三四）

その道《みち》にあらずんば、すなわち一簞《いったん》の食《し》も人《ひと》より受《う》くべからず。（滕文王章句下四）

声聞《せいぶん》、情《じょう》に過《す》ぐるは、君子《くんし》これを恥《は》ず。（離婁章句下一八）

Q 12 悪と不正

役人の不正が後を絶たないのは何故ですか？

君《きみ》の臣《しん》を視《み》ること手足《てあし》のごとくなれば、すなわち臣《しん》の君《きみ》を視《み》ること腹心《ふくしん》のごとし。君《きみ》の臣《しん》を視《み》ること犬馬《けんば》のごとくなれば、すなわち臣《しん》の君《きみ》を視《み》ること国人《こくじん》のごとし。君《きみ》の臣《しん》を視《み》ること土芥《どかい》のごとくなれば、すなわち臣《しん》の君《きみ》を視《み》ること寇讐《こうしゅう》のごとし。（離婁章句下三）

一国の指導者がその部下を自分の手足のようにいたわって使えば、部下も指導者を自分の胃や心臓のように大切に感じて仕えるようになるものだ。指導者が部下を犬や馬なみに扱えば、部下も指導者に赤の他人としてしか対応しなくなる。指導者が部下を泥や芥《あくた》のように扱えば、部下だって指導者に対して敵や仇《かたき》のように怨《うら》みがましい態度をとるようになるものさ。

上に立つ者が何かを好むと、その下の者は、輪をかけてそれを好むようになる。上に立つ者の人格はいわば風のようなもので、部下の性格や行動は風になびく草に譬《たと》えることができる。草は風が吹き加わると必ずなびき伏すものだ。つまり、役人の質は上に立つ政治家の質の反映だよ。

上《かみ》好《この》むものあれば、下《しも》必《かなら》ずこれより甚《はなは》だしきものあり。君子《くんし》の徳《とく》は風《かぜ》なり。小人《しょうじん》の徳《とく》は草《くさ》なり。草《くさ》これに風《かぜ》を尚《くわ》うれば必《かなら》ず偃《ふ》す。（滕文公章句上二）

Q13 真の指導者

物欲を捨てた聖人君子でなけりゃ政治家になれないってことですか？

聖人というのは、何か特別な存在じゃないんだよ。われわれが尤《もっと》もだと思っている常識を身につけている人物に他ならないんだよ。

聖人《せいじん》は、まず我《わ》が心《こころ》の同《おな》じく然《しか》りとするところを得《え》たるのみ。（告子章句上七）

昔だね、周の大王は大変な色好みで、その妃を寵愛していたんだ。しかし、大王は異性を愛する喜びを自分一人だけのものとせず、広く民衆と分かち合っていたから、その統治の期間、恋愛の気風がみなぎり、夫がいないのを怨《うら》み悲しむ女性もいなければ、妻のいないのを嘆く男性もいなくなったのさ。大王の好色の感化だよ。民衆とともに分かち合うなら、好色だって国家の指導者として失格などということはないのだ。

同じように、国家の指導者が物欲に取りつかれていたとしても、集めた財貨を民衆との共有物だとみなすことができたなら、物欲があるというだけで指導者として失格だというわけじゃないさ。要は、外面的な問題でなく心の持ちようが肝心なのだ。

◎大王は周の王族の一人。大王の名を贈られた。

昔者《むかし》、大王《だいおう》色《いろ》を好《この》み、その妃《ひ》を愛《あい》せり。この時《とき》にあたりてや、内《うち》に怨女《えんじょ》なく、外《そと》に曠夫《こうふ》なかりき。王《おう》もし色《いろ》を好《この》むも、百姓《ひゃくせい》とこれを同《おな》じうせば、王《おう》たるにおいて何《なに》かあらん。（梁恵王章句下五）

王《おう》もし貨《か》を好《この》むも、百《ひゃく》姓《せい》とこれを同《おな》じうせば、王《おう》たるにおいて何《なに》かあらん。（梁恵王章句下五）

民衆が安穏な生活ができないのは、指導者が恩恵を独り占めにして庶民に恩恵を施さないからだ。国家の指導者が真の指導者になれるか否かは、心の持ち方一つにかかっており、真の指導者になれないのは、なれないのでなく、なろうとしていないだけのことなのさ。

百姓《ひゃくせい》の保《やす》んぜられざるは、恩《おん》を用《もち》いざるがためなり。故《ゆえ》に王《おう》の王《おう》たらざるは、なさざるなり。能《あた》わざるにあらざるなり。（梁恵王章句上七）

Q14 瞳はものを言う
政治家のウソを見抜く方法ってありますか？

人間に具《そな》わっているものの中で、瞳ほどはっきりと心の裡《うち》を映し出すものはない。瞳は心に宿った邪悪を覆《おお》い隠すことができんもんだよ。心が正しければ、瞳は明るく輝いているし、邪《よこしま》な思いを持てば、暗く濁ってしまう。政治家の言葉を聴きながら、その瞳の光や動きを観察すれば、どんなに誤魔化そうとしたって、誤魔化しきれるもんじゃないさ。

人《ひと》に存《そん》するものは、眸《ぼう》子《し》より良《よ》きはなし。眸《ぼう》子《し》はその悪《あく》を掩《おお》うこと能《あた》わず。胸中正《きょうちゅうただ》しければ、すなわち眸《ぼう》子《し》瞭《あき》らかなり。胸中正《きょうちゅうただ》し

からざれば、すなわち眸子《ぼうし》眊《くら》し。その言《げん》を聴《き》きて、その眸子《ぼうし》を観《み》れば、人《ひと》いずくんぞ廋《かく》さんや。（離婁章句上一五）

形色《けいしょく》は天性《てんせい》なり。ただ聖人《せいじん》にして、しかる後《のち》にもって形《かたち》を践《ふ》むべし。（尽心章句上三八）

顔付きも大事だな。人間の体格や容貌は天から与えられたものだが、仁愛の流れを自覚して広めている者は、自らの力で素晴らしい容貌に変えられるものなんだよ。

◎リンカーン大統領も「四十歳を過ぎた人間は自分の顔に責任を持たねばならない」と言っている。

名《な》を好《この》むの人《ひと》は、よく千乗《せんじょう》の国《くに》を譲《ゆず》る。苟《いやしく》

名誉を重んじる政治家は、名誉のためなら政権さえ平然と譲り渡すものだ。ところが有象無象《うぞうむぞう》の政治家ときたら、折り詰め弁当やミソ汁一杯さえ手放すのに顔色を変えるもんだよ。

◎地位にしがみつくか否かによっても政治家の品性が分かる。

もその人《ひと》にあらざれば、簞食《たんし》・豆羹《とうこう》も色《いろ》に見《あら》わる。（尽心章句下一一）

Q15　人を見抜く
国民を裏切る政治家はどうすりゃいいんですか？

臣下であるのにその主君を殺してよいものだろうか？　仁愛の流れをそこなう者を賊《ぞく》と言い、正義をそこなう者を残《ざん》と言うんだ。そのような残賊の者は、もはや王でも指導者でもなく、ただの無頼漢に過ぎない。かつて殷王朝の王であった紂《ちゅう》が一無頼漢になり下がって殺されたという話は聞いたことはあるが、王や指導者である者が殺されたという話を、わたしはこれまでに聞いたためしがないね。

臣《しん》にしてその君《きみ》を弑《しい》すること可《か》ならんや。仁《じん》を賊《そこな》う者《もの》これを賊《ぞく》と謂《い》い、義《ぎ》を賊《そこな》う者《もの》これを残《ざん》と謂《い》う。残賊《ざんぞく》の人《ひと》、これを一夫《いっぷ》と謂《い》う。一《いっ》夫《ぶ》紂《ちゅう》を誅《ちゅう》するを聞《き》く、いまだ君《きみ》を弑《しい》するを聞《き》

国の指導者が大きな誤りを犯して、それを何度諫《いさ》めても聴き入れない場合は、有能な人間に差し替えるべきは当然なことだ。

天上の神はものを言わないんだ。代わりに、民衆の行動とその結果とによって自らの意志を示すのだ。天がどのように視《み》ているかを知りたければ、民衆がどのように視ているかを知ればよく、天がどのように聴いているかを知りたければ、民衆がどのように聴いているかを知ればよいのだ。

かざるなり。（梁恵王章句下八）

君《きみ》、大過《たいか》あれば、すなわち諫《いさ》む。これを反復《はんぷく》して聴《き》かざれば、すなわち位《くらい》を易《か》う。（万章章句下九）

天《てん》、言《ものい》わず。行《おこな》いと事《こと》とをもってこれを示《しめ》すのみ。天《てん》の視《み》るは、我《わ》が民《たみ》の視《み》るにしたがい、天《てん》の聴《き》くは、我《わ》が民《たみ》の聴《き》くにしたがう。（万章章句上五）

Q16 法の力 法律を厳しくすれば、すべて解決するでしょう?

徒法《とほう》はもって自《みずか》ら行《おこな》わるること能《あた》わず。（離婁章句上一）

法律を作ればすむというものじゃないぞ。道理に合わないザル法では、何も改善されはしないんだからな。

上《かみ》に道揆《どうき》なく、下《しも》に法《ほう》守《しゅ》なく、朝《ちょう》は道《みち》を信《しん》ぜず、工《こう》は度《ど》を信《しん》ぜず、君子《くんし》は義《ぎ》を犯《おか》し、小《しょう》人《じん》は刑《けい》を犯《おか》して、国《くに》の存《そん》するところのものは幸《さいわ》いなり。（離婁章句上一）

上も下も遵法《じゅんぽう》精神を欠き、政治家は道義をそっちのけにし、工事に携《たずさ》わる者は作業工程に従わず、権力者は正義を犯し、庶民は刑法を犯す。そんな状態でも国が存続しているとしたなら、それは奇跡的なまぐれ当たりの幸運と呼ぶべきだろうよ。

◎まるで現在の日本を指しているようだ。

かつて斉の国の桓公《かんこう》が、諸侯を集めてこう命じたことがあ

―

桓公《かんこう》、初命《しょめい》に曰《いわ》く、不《ふ》

った。第一条、親不孝者を罰せよ。第二条、賢者を尊び、才能ある者を養い育て、徳のある者を世に出せ。第三条、老人を敬《うやま》い、幼児を慈《いつく》しみ、外交使節や旅人を粗略に扱うな。第四条、官吏《かんり》には官職を世襲させてはならない。また官職を兼任させてはならない。官吏を採用するには情実《コネ》でなく人物本位で選べ。部下をこきつかい殺すような目に遭《あ》わせてはならない。第五条、堤防を自国にだけ都合よく造ってはならない。隣国が飢饉に苦しんでいる時に、穀物の輸出を禁じてはならない。人に土地を密かに譲渡してはならない。その上で、こうつけ加えたんだ。わが同盟諸国の指導者たちよ、このように誓ったからには、今後は互いに友好親善を深めていこう、と。このような法律ならば大いに守るべきだが、今の各国の首脳たちは皆この五禁を破るようなことばかりをしている有り様だ。

孝《こう》を誅《ちゅう》せよ、と。再命《さいめい》に曰《いわ》く、賢《けん》を尊《とうと》び才《さい》を養《やしな》い、もって有徳《ゆうとく》を彰《あら》わせ、と。三命《さんめい》に曰《いわ》く、老士《ろうし》を敬《うやま》い幼《よう》を慈《いつく》しみ、賓旅《ひんりょ》を忘《わす》るることなかれ、と。四命《しめい》に曰《いわ》く、士《し》は官《かん》を世々《よよ》にすることなかれ。官《かん》の事《こと》は摂《せつ》せしむることなかれ、士《し》を取《と》ること必《かなら》ず得《え》よ、専《ほしいまま》に大夫《たいふ》を殺《ころ》すことなかれ、と。五《ご》命《めい》に曰《いわ》く、防《つつみ》を曲《ま》ぐることなかれ。糴《かいよね》を遏《とど》む冷酷非道な政治をしておいて、民衆がわずかでも罪を犯すと法律を盾に厳罰に処す。これでは網《あみ》を張って民衆を罠《わな》にかけているようなものだろう。思いやりに富む指導者が、このような民衆を搦《から》め捕《と》るような政策を採《と》るだろうかね？　採るわけがあるまいよ。

ることなかれ。封《ほう》ずることありて、告《つ》げざることなかれ、と。曰《いわ》く、およそ我《わ》が同盟《どうめい》の人《ひと》、すでに盟《ちか》うの後《のち》、ここに好《よしみ》に帰《き》せん、と。今《いま》の諸侯《しょこう》は、皆《みな》この五禁《ごきん》を犯《おか》せり。（告子章句下七）

罪《つみ》に陥《おちい》るに及《およ》んで、しかる後《のち》、従《したが》ってこれを刑《けい》す。これ民《たみ》を罔《あみ》するなり。いずくんぞ仁人《じんじん》位《くらい》に在《あ》るありて、民《たみ》を罔《あみ》することを、しかも

なす可《べ》けんや。（梁恵王章句上七）

◎法律の存在だけでは社会は改善されないばかりか、民衆の弾圧手段となりかねない。

Q17 同憂同楽 政治権力を維持する秘訣はありますか？

民《たみ》の上《かみ》となりて、民《たみ》と楽《たの》しみを同《おな》じうせざる者《もの》も、また非《ひ》なり。民《たみ》の楽《たの》しみを楽《たの》しむ者《もの》は、民《たみ》もまたその楽《たの》しみを楽《たの》しむ。民《たみ》の憂《うれ》いを憂《うれ》うる者《もの》は、民《たみ》もまたその憂《うれ》いを憂《うれ》う。楽《たの》しむ

政治権力を維持したければ、国民と同じ感覚を持つに尽きる。政治家が民衆と異なる楽しみを持つようになるのが最大の誤りだ。政治家が民衆と同じ楽しみを楽しんでいる限り、民衆は政治家の楽しみを我がことのように喜ぶものだ。同様に政治家が民衆と同じ心配事を憂《うれ》えている限り、民衆も政治家の心配事をともに憂えて解決しようとするものだ。楽しみを国民と共有し、心配事も国中の者と共有する。それで政権を保てなかった政治家など、古来より今に至るまでいたため

しはないんだからね。

に天下《てんか》をもってし、憂《うれ》うるに天下《てんか》をもってす。然《しか》り而《しこ》うして王《おう》たらざる者《もの》は、これあらざるなり。（梁恵王章句下四）

豆知識7

大国であった晋の三人の家老が主君を追い出し、それぞれ趙・魏・韓という国を打ち立てたのが紀元前四〇三年のことだった。

それ以前を春秋時代、以降を戦国時代と区分している。孟子は戦国時代が始まって三〇年目頃に生まれたと考えられている。

孔子が生きていた春秋時代にも戦争は盛んに行われていたが、戦国時代に入ると戦闘方法は大きく変わった。春秋時代の戦争は戦車を中心とした野戦で勝敗が決まった。戦車というのは、複数の馬に曳《ひ》かせた屋根付きの装甲馬車で、その後に歩兵が続いた。馬車の中にも兵士がおり、窓から槍で敵を突き殺すこともできるが、小回りが利かず車輪を破壊されるとお手上げのシロモノだった。

中国では馬に直接跨《またが》る騎馬の技術が発達しておらず、その技術を身につけた匈奴《きょうど》の侵入を恐れて燕・斉・趙・魏などの君主が築いたのが万里の長城の始まりである。

さて、戦国時代になると、野戦は歩兵中心の殺し合いに変わった。これには鍛鉄による刀の製造が関係している。それまでの鉄剣は鋳物製造で脆《もろ》く、もっぱら突き刺して敵を殺傷していたが、鉄を鍛える技術革新によって折れない剣が造られ、斬り殺すことが可能となったのだ。

また、町や市を奪うことが目的となり、城壁や壕《ほり》を攻撃するための弩《ど》や雲梯《うんてい》といった新兵器もお目見えした。弩はバネ仕掛けで巨大な矢や岩石を飛ばして城壁を崩す大砲の元祖であり、雲梯は壕や壁を乗り越える現在の梯子《はしご》車の元祖だった。

第五章　世界を和《わ》す——世界平和への道——

Q1 他国とつきあう

外交って、どうあるべきなんですか？

隣国と交際するのに正しい方法があるだろうか？　もちろん、あるとも。王道政治を行える指導者だけが大国でありながら小国に礼儀をつくして交際することができ、智恵のある指導者だけが、小国でありながら大国と対等に交際することができるものだ。大国でありながら小国に礼儀をつくせる指導者は天の徳を楽しめる仁愛の流れの自覚者であり、小国でありながら大国と対等に渡り合える指導者は天を懼《おそ》れて慎重な行為をとることのできる優《すぐ》れ者《もの》と言えるだろう。天の徳を楽しめる指導者は、世界的な尊敬を保有することができ、天を懼れる指導者は、一国を安全に維持することができるものだよ。

隣国《りんごく》に交《まじ》わるに道《みち》あるか。あり。ただ仁者《じんしゃ》のみ能《よ》く大《だい》をもって小《しょう》に事《つか》うることをなす。ただ智者《ちしゃ》のみ能《よ》く小《しょう》をもって大《だい》に事《つか》うることをなす。大《だい》をもって小《しょう》に事《つか》うる者《もの》は、天《てん》を楽《たの》しむ者《もの》なり。小《しょう》をもって大《だい》に事《つか》うる者《もの》は、天《てん》を畏《おそ》るる者《もの》なり。天《てん》を楽《たの》しむ者《もの》は天下《てんか》を保《たも》ち、天《てん》を畏《おそ》るる者《もの》はその国《くに》

世の中が乱れている時には、小国は大国にこき使われ、弱国は強国にこき使われるようになる。そうなると、小国は、悪事に関しては大国を手本にしているくせに、大国の命じられるままになっていることに抑圧感やイライラを溜《た》め込むようになるものだ。だがだよ、大国にこき使われるのを恥辱と思うんなら、大国とキッパリ手を切って、かの聖君と呼ばれた文王を手本にして仁政を行うに限るんだよ。そうすれば、大国ならば五年、小国でも七年もすれば国際政治のリーダーになれるんだからね。

を保《たも》つ。（梁恵王章句下三）

天下《てんか》に道《みち》なければ、小《しょう》は大《だい》に役《えき》せられ、弱《じゃく》は強《きょう》に役《えき》せらる。今《いま》や小国《しょうこく》、大国《たいこく》を師《し》として、しかも命《めい》を受《う》くることのみを恥《は》ず。もしこれを恥《は》じなば、文王《ぶんおう》を師《し》とするにしくはなし。文王《ぶんおう》を師《し》とせば、大国《たいこく》は五年《ごねん》、小《しょう》国《こく》は七年《しちねん》にして、かならず政《まつりごと》を天下《てんか》になさん。（離婁章句上七）

Q2 大国と小国

小国が世界のリーダーになれますか？

天がどれほど高く離れていても、星々がどれほど遠くにあっても、過去の現象や道理を知れば、千年後の冬至の日だって机の前に坐っていながら算出できるものだよ。

天《てん》の高《たか》きや、星辰《せいしん》の遠《とお》きや、苟《いやし》くもその故《こ》を求《もと》むれば、千歳《せんざい》の日至《にっし》も、坐《ざ》して致《いた》すべきなり。（離婁章句下二六）

いったい、世界はどのような状態に落ち着こうとしているのだろうかね？　いずれは一つに統一されて落ち着くことになるだろうよ。では、どのような人物が統一を果たすことができるのだろうかね？　人を殺すことを好まない者だけが、できるのだよ。

現在、世界の政治指導者を見てみると、人殺しを好まない者は一人としていない有り様だ。もしも人を殺すことを好ま

天下《てんか》いずくにか定《さだ》まらん。一《いっ》に定《さだ》まらん。孰《たれ》か能《よ》くこれを一《いっ》にせん。人《ひと》を殺《ころ》すことを嗜《たしな》まざる者《もの》、能《よ》くこれを一《いっ》にせん。（梁惠王章句上六）

今《いま》それ天下《てんか》の人牧《じんぼく》、い

ない指導者が現われたなら、世界中の民衆が、早く我が国にやって来て指導者になってくださいと首を長くして待ち望むようになるだろうよ。
　世界中の民衆がそうした指導者の味方になるのだ。だから、昔から「仁者に敵なし」と言われているんだよ。

　その上に、現在ほど真の王者が長期間にわたって出現しなかったことはないんだ。民衆が暴政に苦しめられて憔悴《しょうすい》しきっているのも現在ほど甚《はなは》だしかったことはない。飢えた者

まだ人《ひと》を殺《ころ》すことを嗜《たしな》まざる者《もの》あらざるなり。もし人《ひと》を殺《ころ》すことを嗜《たしな》まざる者《もの》あらば、すなわち天下《てんか》の民《たみ》、皆《みな》領《くび》を引《ひ》いてこれを望《のぞ》まん。（梁恵王章句上六）

天下《てんか》、与《くみ》せざるなきなり。（梁恵王章句上六）

故《ゆえ》に曰《い》わく、仁者《じんしゃ》に敵《てき》なしと。（梁恵王章句上五）

且《か》つ王者《おうしゃ》の作《おこ》らざるは、いまだこの時《とき》より疏《なが》きものあらざるな

はどんな食事にでもかぶりつき、咽《のど》の渇《かわ》ききった者はどんな飲み物でもガブ飲みするものだ。だから、もしも今、大国が王道政治を行ったなら、世界中の民衆が逆さ吊りの刑罰から解放されたように歓喜して大歓迎するだろうよ。つまりだね、今、仁政を行ったならば、昔の半分の労力で倍以上の効果を上げることができるんだよ。

　ものごとを行うには時の利を利用するにこしたことはない。今こそまさに各国が王道政治に踏み出す絶好のチャンスなんだよ。

り。民《たみ》の虐政《ぎゃくせい》に憔悴《しょうすい》せるは、いまだこの時《とき》より甚《はなは》だしきものあらざるなり。飢《う》うる者《もの》は食《しょく》をなしやすく、渇《かっ》する者《もの》は飲《いん》をなしやすし。今《いま》の時《とき》に当《あ》たりて、万乗《ばんじょう》の国《くに》、仁政《じんせい》を行《おこな》わば、民《たみ》のこれを喜《よろこ》ぶこと、なお倒懸《とうけん》を解《と》くがごとくならん。故《ゆえ》に事《こと》は古《いにしえ》の人《ひと》に半《なか》ばにして、功《こう》は必《かなら》ずこれに倍《ばい》せん。（公孫丑章句上一）

勢《いきお》いに乗《じょう》ずるにしか

ず。今《いま》の時《とき》はすなわち然《しか》し易《やす》きなり。（公孫丑章句上一）

Q3 軍事力 でも、外交を左右するのは軍事力でしょう?

国の威信を保つのに、軍事力なんかに頼るべきではないな。ある人物がいて、「自分は戦術に長《た》け、戦争がうまい」と言って自分を売り込んだとしたなら、そいつは極悪人だぞ。国の指導者が仁愛を好めば、天下にこれに敵対できる者なんかいなくなるのだから、戦争をする必要なんかなくなるんだ。

そもそも、国の指導者たる者が戦争を引き起こし、部下や国民の生命を危険にさらし、諸外国の怨《うら》みを買って、後々、気分よくいられるものだろうかね？　いられるわけなどないだろうよ。

天下《てんか》を威《い》するに、兵革《へいかく》の利《り》をもってせず。（公孫丑章句下一）

人《ひと》あり曰《いわ》く、我《われ》よく陣《じん》をなし、我《われ》よく戦《たたかい》をなすと。大罪《たいざい》なり。国《こっ》君《くん》、仁《じん》を好《この》めば天下《てんか》に敵《てき》するなし。（尽心章句下四）

そもそも、王《おう》、甲兵《こうへい》を

王道《おうどう》政治を行っている者には味方となる者が多いが、覇道《はどう》政治を行っている者に味方する者なんかほんの一握りだぞ。味方の少ない最たる場合は、親戚でさえ離反する有り様だ。一方、味方が多い場合は、世の中の全員がこぞって味方するんだ。世の中を味方にした者が、親戚さえ離反した者と戦えば、勝敗は戦わずして明らかだろう。だから、仁徳を具《そな》えた指導者は戦争になど訴えないのさ。戦えば必ず勝つに決まっているんだから、戦うまでもないことなんだよ。

　これに反して、他国から攻め込まれるような国は、やたらと軍備を増強して自国を王道から遠ざけ、自らを弱体化させせ

興《おこ》し、士臣《ししん》を危《あや》うくし、怨《うら》みを諸侯《しょこう》に構《かま》え、しかる後《のち》心《こころ》に楽《たの》しきか。

（梁恵王章句上七）

道《みち》を得《え》る者《もの》は助《たす》け多《おお》く、道《みち》を失《うしな》う者《もの》は助《たす》け寡《すく》なし。助《たす》けの寡《すく》なきの至《いた》りは、親戚《しんせき》もこれにそむき、助《たす》け多《おお》きの至《いた》りは、天下《てんか》もこれに順《したが》う。天下《てんか》の順《したが》うところをもって、親戚《しんせき》のそむくを攻《せ》む。故《ゆえ》に君子《くんし》は戦《たたか》わざるあり、戦《たたか》え

るような行為ばかりをしているから、逆に敵につけ入られて攻め込まれるようなことになるのさ。

ば必《かなら》ず勝《か》つ。（公孫丑章句下一）
国《くに》必《かなら》ず自《みずか》ら伐《う》ちて、しかる後《のち》に人《ひと》これを伐《う》つ。（離婁章句上八）

Q4 亡国のとき 軍備が完璧でなけりゃ国は亡んじゃうでしょう？

城壁が堅固《けんご》にできあがっていないとか、武器や鎧《よろい》が十分でないというようなことは、国の災《わざわ》いにはならないさ。耕作地が狭いとか、物資が少ないというのも国の害にはならんよ。国にとっての災いとは、政治家がガサツになり、一般庶民が無教養な状態になることだ。そうなったなら、国中に犯罪者が充満し、国家は日数を数える暇《いとま》もないほどアッと言う間に亡んじまうものなのさ。

城郭《じょうかく》完《まった》からず、兵甲《へいこう》多《おお》からざるは、国《くに》の災《わざわ》いにあらざるなり。田《でん》野《や》ひらけず、貨財《かざい》あつまらざるは、国《くに》の害《がい》にあらざるなり。上《かみ》、礼《れい》なく、下《しも》、学《がく》なければ、

戦争で勝利を収《おさ》めるには攻めるべきタイミングが大事だが、いくらタイミングよく攻めても相手が地形や地勢をうまく利用していれば勝てない。逆にこちらが地形や地勢を最大限に利用しても相手の団結力が強ければやはり勝てない。だから昔から言うんだよ、国民を護《まも》ると称して国境の警備を厳重にしたり、国を守るために山や谷を利用して強固な防衛網を築いたり、武器を蓄《たくわ》えて天下に強さを示す必要などないんだと。つまり、国民が心から団結できるような思いやりの政治を行うのに勝《まさ》る国防策はないんだよ。

賊民《ぞくみん》おこり、喪《ほろ》ぶること日《ひ》なけん。（離婁章句上一）

天《てん》の時《とき》は地《ち》の利《り》にしかず。地《ち》の利《り》は人《ひと》の和《わ》にしかず。故《ゆえ》に曰《いわ》く、民《たみ》を域《かぎ》るに封疆《ほうきょう》の界《さかい》をもってせず、国《くに》を固《かた》むるに山谿《さんけい》の険《けん》をもってせず。天《てん》下《か》を威《い》するに兵革《へいかく》の利《り》をもってせずと。（公孫丑章句下一）

Q5 天下に敵なし

でも敵が攻めて来たらどうする気です？

わたしはね、わずか七十里四方の小国から興《おこ》って天下を平定した者がいることを聞いているよ。殷王朝の湯《とう》王がそれだ。千里四方の広大な領土を持ちながら、敵国が攻めて来はしないかと絶えずビクビク・オドオドしているなど聞いたことがないね。

そもそも善政を続けていれば、その国は将来、必ずや世界のリーダーになれるものなのだ。

一国の指導者が仁愛の政治を行ったならば、敵対する者などいなくなるんだからね。敵がいない状態になるのを望みながら、仁政を行わずに軍事の増強政策にしがみつくというのは、熱いものに触れて火傷《やけど》を負った時に、水をかけるかわり

臣《しん》七十《しちじゅう》里《り》にして政《まつりごと》を天下《てんか》になす者《もの》を聞《き》く。湯《とう》これなり。いまだ千《せん》里《り》をもって人《ひと》を畏《おそ》るる者《もの》を聞《き》かざるなり。（梁恵王章句下一一）

苟《いやしく》も善《ぜん》をなさば、後世子孫《こうせいしそん》、必《かなら》ず王者《おうしゃ》あらん。（梁恵王章句下一四）

それ国君《こっくん》、仁《じん》を好《この》まば、天下《てんか》に敵《てき》なし。今《いま》や天《てん》下《か》に敵《てき》なからんことを

に熱湯をかけているようなものなんだぞ。

肝心なことは、恐怖心を捨て去ることだ。自分で自分の行いを反省してみて、やましい点がなければ、敵が何千万人いようともビクともしない。そうした気概《きがい》を持って世界平和への道を突き進むことだよ。

欲《ほっ》して、しかも仁《じん》をもってせず。これなお熱《ねっ》を執《と》るに、しかも濯《たく》をもってせざるがごときなり。（離婁章句上七）

能《よ》く懼《おそ》るるなきのみ。自《みずか》ら反《かえり》みて縮《なお》ければ、千万人《せんまんにん》といえども吾《われ》往《ゆ》かん。（公孫丑章句上二）

◎独裁国家をいたずらに恐れるのは、独裁者の思う壺にはまるだけである。日本の右翼政治家は、国民の不安を煽《あお》って憲法を改定しようと目論んでいるが、ワイマール憲法に対してヒトラーが用いた手口を思い出してみるとよいだろう。ヒトラーは正直に手の裡《うち》を明かしている。「わたしは故意におどかしてやる。われわれの任務は不安を醸成《じょうせい》することである」

Q6 独裁者　そんなきれいごとは独裁者に通じないでしょう？

人《ひと》を侮《あなど》り奪《うば》うの君《きみ》は、ただ順《したが》わざらんことを恐《おそ》る。（離婁章句上一六）

民衆を侮《あなど》り、民衆を収奪する独裁者は、民衆を怖《こわ》がらせているように見えるが、実際は独裁者の方が民衆が自分に順わないことを恐れているんだよ。

その民《たみ》を暴《ぼう》すること甚《はなは》だしければ、すなわち身弑《みしい》せられ国亡《くにほろ》ぶ。甚《はなは》だしからざれば、すなわち身《み》危《あや》うく国削《くにけず》らる。（離婁章句上二）

自国民に暴虐非道な政治をしていれば、そんな独裁者はやがては殺され、国は亡んじまうものさ。暴虐の程度がさほどでない場合でも、自分の地位はグラグラになり、国は威信を失ってボロボロになり果ててしまうのがオチだよ。

彼《かれ》はその民時《みんじ》を奪《うば》い、耕耨《こうどう》してもってその

独裁者は、民衆の生産時間を奪い、農民が田畑を耕して父母を養うことすらできない状態にしているんだ。その結果、父母は飢え凍《こご》え、兄弟妻子は一家離散の憂《う》き目に追いこまれている有り様だ。つまりだ、独裁者というやつは、民衆を落とし穴に落とし入れたり、川で溺死《できし》させたりするに等しい行為をしているのだ。だから、もしもそうした国に王道の国が攻め込んだなら、民衆は喜んで迎え入れこそすれ、敵対などしやしないもんだよ。

父母《ふぼ》を養《やしな》うことを得《え》ざらしむ。父母《ふぼ》凍餓《とうが》し、兄弟妻子《けいていさいし》離散《りさん》す。彼《かれ》はその民《たみ》を陥溺《かんでき》す。王往《おうゆ》きてこれを征《せい》せば、それ誰《たれ》か王《おう》と敵《てき》せん。（梁惠章句上五）

Q7 匹夫《ひっぷ》の勇

つまり独裁国家は攻め滅ぼせると言うんですね？

そんな小っぽけな勇気を振り回すんじゃないよ。武器を撫《な》でさすって目を吊《つ》り上げて「独裁者など屁《へ》でもない。コテンパンにやっつけてやる」などと意気込むのは、雑兵の勇気というやつで、せいぜい一対一の決闘くらいにしか役立たない勇気だぞ。真の勇者ならば、もっと大きな勇気を持つことだ。

請《こ》う、小勇《しょうゆう》を好《この》むことなかれ。それ剣《けん》を撫《ぶ》して疾視《しっし》して曰《いわ》く、彼《かれ》いずくんぞ敢《あ》えて我《われ》に当《あ》たらんや、と。これ

今、同室にいる者が喧嘩を始めた場合、髪を整え冠を被《かぶ》る暇《いとま》もなく仲裁するのは許されることだ。しかしだよ、遠く離れた郷里で喧嘩を始める者がいた場合、押《お》っ取り刀で飛んで行って仲裁をするというのは、間違っている。事情もよく分からないはずだからだ。そうした場合には、静観して戸を閉ざして中立でいることも許されるものなんだよ。

匹夫《ひっぷ》の勇《ゆう》、一人《いちにん》に敵《てき》するものなり。請《こ》う、これを大《だい》にせよ。（梁恵王章句下三）

今《いま》、同室《どうしつ》の人《ひと》闘《たたか》う者《もの》ありとせんに、これを救《すく》うに、被髪纓冠《ひはつえいかん》してこれを救《すく》うといえども可《か》なり。郷鄰《きょうりん》闘《たたか》う者《もの》ありとせんに、被髪纓《ひはつえい》冠《かん》して往《ゆ》きてこれを救《すく》わば、すなわち惑《まど》いなり。戸《と》を閉《と》ざすといえども、可《か》なり。（離婁章句

◎押っ取り刀で武力鎮圧をするのは愚行である。ブッシュ大統領やその尻馬に乗ったブレア元首相や小泉元首相には、耳の痛い指摘だろう。

——下二九）

Q8 戦争と善悪 やるべき善《よ》い戦争だってあるでしょう？

斉《せい》の国が燕《えん》の国と戦争をして勝った時に、斉の宣王《せんおう》がわたしに、「燕を占領してよいものだろうか」と質問されたことがあったんだよ。そこでわたしは、「占領して燕の民衆が喜ぶのならば、そうなさるがよろしかろう。しかしながら、喜ばないのならば、やってはなりません。たとえ民衆が喜んで受け入れたにせよ、火がどんどん熱くなるような暴政を行えば、民衆はたちまち離反するでしょう」とお答えしたよ。

斉人燕《せいひとえん》を伐《う》ちて、これに勝《か》つ。宣王問《せんおうと》うて曰《いわ》く、「これを取《と》ること如何《いかん》」と。孟子対《もうしこた》えて曰《い》わく、「これを取《と》りて燕《えん》の民悦《たみよろこ》ばば、すなわちこれを取《と》れ。これを取《と》りて、燕《えん》の民《たみ》悦《よろこ》ばずんば、すなわち

「征」の字の意味は「正」なのだ。民衆は誰もが政治が正しくなることを願っているんだよ。その願いを叶《かな》えるのに、どうして戦争が必要なんだろうかね？

民衆を治めようとして、一向にうまく治まらない時には、振り出しに立ち返って最初の判断の是非を反省してみることだ。

春秋時代の昔から現在にいたるまで、正義の戦争などあったためしはないんだからね。

取《と》ることなかれ。火《ひ》のますます熱《あつ》きがごとくんば、また運《めぐ》らんのみ」と。（梁恵王章句下一〇）

征《せい》の言《げん》たる、正《せい》なり。おのおの己《おのれ》を正《ただ》しくせんと欲《ほっ》するなり。いずくんぞ戦《たたかい》を用《もち》いん。（尽心章句下四）

人《ひと》を治《おさ》めて治《おさ》まらずんば、その智《ち》に反《かえ》れ。（離婁章句上四）

春秋《しゅんじゅう》に義戦《ぎせん》なし。（尽心章句下二）

Q9 テロリズム　原理主義やテロにはどう対処すりゃいいんですか？

書物や経典を一字一句も違《たが》えずに信用して自分の判断力を失うくらいなら、そんな書物や経典は、ない方がましなくらいだ。

ことごとく書《しょ》を信《しん》ずれば、すなわち書《しょ》なきにしかず。（尽心章句下三）

最初から悪い結果を招くと知っていながら人にそうした行為をさせるのは仁愛に反する非道な振る舞いだが、結果が分からずにそうさせるのは無知と言うべきものだな。

知《し》りてこれをせしむれば、これ不仁《ふじん》なり。知《し》らずしてこれをせしむれば、これ不知《ふち》なり。（公孫丑章句下九）

◎原理主義者やテロリストは、無知なる者たちである。

わたしはね、日頃から人類史的かつ地球規模的な視野を保

我《わ》れ善《よ》く吾《わ》が浩然《こうぜん》の気《き》

つように心掛け、何事にも悠然と対処できるよう訓練をしているのだ。そうすれば原理主義やテロリズムに対して浮き足立たずに対処できるようになるよ。

今、国内が太平であったとしよう。その時に怠《なま》けて遊んでいるようならば、自ら禍《わざわい》を引き寄せているに等しい。国外に敵国や外患のない国は、これまた亡んでしまう。人も国も憂患に対処することによって本当の生き方を学ぶことができるのであって、安楽なだけでは駄目になってしまうものなんだよ。

を養《やしな》う。（公孫丑章句上二）

今《いま》、国家《こっか》閒暇《かんか》なりとせん。この時《とき》に及《およ》んで般楽《はんらく》怠敖《たいごう》せば、これ自《みずか》ら禍《わざわい》を求《もと》むるなり。（公孫丑章句上四）

出《い》でてはすなわち敵《てき》国《こく》・外患《がいかん》なき者《もの》は、国《くに》つねに亡《ほろ》ぶ。しかる後《あと》に、憂患《ゆうかん》に生《しょう》じて、安楽《あんらく》に死《し》することを知《し》るなり。（告子章句下一五）

◎独裁国家の存在を恐れるのでなく、反面教師として役立てることだ。恐怖にかられて武力で対抗しようとすれば、自国を独裁国家と同列にしてしまうのがオチである。

国の指導者は、迷った時には仁愛の政策に立ち返ることだ。民政中心の仁愛の政治を根付かせることができさえすれば、庶民は何事に対しても勇気を起こして奮《ふる》い立つ。庶民が勇気を奮い起こせば、邪悪な者は付け入れられなくなるんだ。これ以上の防衛策があるだろうかね？　あるまいよ。

君子《くんし》は経《けい》に反《かえ》るのみ。経正《けいただ》しければ、すなわち庶民興《しょみんおこ》る。庶民興《しょみんおこ》れば、ここに邪慝《じゃとく》なし。（尽心章句下三七）

Q10 民政優先

民政優先なんかでホントに国を守れるんですか？

一国の指導者が、民政優先の王道政治を行ったならば、民衆は心から指導者に親しみ、国のために生命を捨てることすら厭《いと》わないようになるものだよ。

君《きみ》、仁政《じんせい》を行《おこな》わば、ここに民《たみ》その上《かみ》に親《した》しみ、その長《ちょう》に死《し》なん。（梁一国の指導者が、民衆の生活を安定させるために民衆を使役した場合には、民衆は苦労をしても指導者を恨《うら》んだりはしないものさ。かりに死ぬようなことになったとしても、指導者が民衆のために思って行った場合には、民衆は指導者を恨んだりしなくなるものなんだよ。

恵王章句下一二）

佚道《いつどう》をもって民《たみ》を使《つか》えば、労《ろう》すといえども怨《うら》みず。生道《せいどう》をもって民《たみ》を殺《ころ》さば、死《し》すといえども殺《ころ》す者《もの》を怨《うら》みず。

（尽心章句上一二）

Q11 愛国心
愛国心教育をすればいいんですね？

政治家は、国や伝統を愛すべきだが、それを民衆を愛する思いやりと履《は》き違えてはダメだ。それでは国のために国民を犠牲にしかねない。政治家たるものは民衆に対して思いやりの精神を発揮すべきだが、それを家族愛である「親愛」と履き違えてはダメだ。それでは公私混同のエコひいきを起こし

君子《くんし》の物《もの》に於《お》けるや、これを愛《あい》すれども仁《じん》せず。民《たみ》に於《お》けるや、これを仁《じん》すれども親《した》しまず。親《しん》を親《した》しみて民《たみ》を

かねない。三者の順番は、まず国民が家族愛である「親愛」を十分に発揮することができるようにし、その結果として肉親以外の者を愛する「仁愛」の情を発揮させるようにし、その結果として国や伝統を愛するようにすべきなんだ。

仁《じん》し、民《たみ》を仁《じん》して物《もの》を愛《あい》す。（尽心章句上四五）

◎祖国愛の名のもとに国民が犠牲にされたり、国民の利益の名のもとに家族や個人がないがしろにされる政治は、本末転倒である。

国の指導者が王道政治を実施して、刑罰を軽くし、税金を少なくし、農民には深く耕耕して丹念に草除《と》りができるような余裕を与え、若者には暇な折りに孝悌忠信などの道徳を教えて、家の中では親兄弟と家の外では年長者と親しく接するようにしたならば、自国の若者が武器でなく手に杖《つえ》を引っ提《さ》げて出かけて行ったたって、強国の秦《しん》や楚《そ》の国の堅固《けんご》な甲冑《かっちゅう》や鋭利な武器に打ち勝つことができるようにさせられるものさ。

王《おう》もし仁政《じんせい》を民《たみ》に施《ほどこ》し、刑罰《けいばつ》を省《はぶ》き、税斂《ぜいれん》を薄《うす》くし、深《ふか》く耕《たがや》し易《おさ》め耨《くさぎ》らしめ、壮者《そうしゃ》は暇日《かじつ》をもってその孝悌《こうてい》忠信《ちゅうしん》を修《おさ》め、入《い》りてはもってその父兄《ふけい》に事《つか》え、出《い》でてはその長《ちょう》上《じょう》に事《つか》えば、梃《てい》を制《せい》してもって秦楚《しんそ》の堅甲《けんこう》利兵《りへい》を撻《う》たしむべし。
（梁恵王章句上五）

Q12 戦争の因《もと》

戦争はなぜなくならないんですか？

かつて梁《りょう》の恵王《けいおう》がわたしにこう言ったことがある。「わが晋《しん》国は天下一の強国だった。ところが、自分の代になると、東は斉国と戦って敗れ、長男を捕虜にされて死なせてしまった。西は秦国に七百里もの領土を奪われ、南は楚国と戦って敗れ、これまた領土を失う屈辱を味わった。自分はこの屈辱に耐えられない。どうにかして、死者のために敵討《かたきう》ちをして、わが恥をすすぎたいものだ」と。つまり、復讐心こそが戦争の因《もと》なんだよ。

梁《りょう》の恵王《けいおう》曰《いわ》く、晋国《しんこく》は天下《てんか》これより強《つよ》きはなし。寡人《かじん》の身《み》に及《およ》び、東《ひがし》は斉《せい》に敗《やぶ》れ、長子《ちょうし》死《し》す。西《にし》は地《ち》を秦《しん》に喪《うしな》うこと七百里《しちひゃくり》。南《みなみ》は楚《そ》に辱《はずか》しめらる。寡人《かじん》これを恥《は》ず。願《ねが》わくは死者《ししゃ》のために一《ひと》たびこれを

洒《すす》がん、と。（梁恵王章句上五）

◎梁は魏の別名。魏は晋が三分割されて出来た国。

不仁《ふじん》なるかな梁《りょう》の恵王《けいおう》や。不仁者《ふじんしゃ》は、その愛《あい》せざる所《ところ》をもって、その愛《あい》する所《ところ》に及《およ》ぼす。梁《りょう》の恵王《けいおう》は、土地《とち》の故《ゆえ》をもって、その民《たみ》を糜爛《びらん》してこれを戦《たたか》わしめ、大《おお》いに敗《やぶ》れたり。まさにこれを復《ふく》せんとして、故《ゆえ》にその愛《あい》する所《ところ》の子弟《してい》を駆《か》りて、もってこれに殉《じゅん》ぜしむ。

梁の恵王の思いは何とも仁愛の流れに逆行したものではないかね。覇道に凝り固まった者は、敵に対する憎しみを愛する味方にまで及ぼしてしまうものなのだ。だって、そうだろう？　梁の恵王は、領土を増やしたいばかりに自国の民衆を駆り立てて血潮を流して戦わせ、逆に大敗して領土を失ってしまったんだから。すると今度は、復讐しようと、自分が愛している身内の者を駆り立てて戦争をして、結局は息子まで死なせてしまったんだからね。

国の最高指導者が正しい方向に進まず、思いやりの精神を押し広めようとしないのに、そうした指導者に取り入って、戦争を勧めて「わたしはあなたのために他国に同盟を約束させ、必ず戦争に勝ってみせます」などとそそのかす手合いが後を絶たないが、そうした連中はあの悪名高い暴君の桀《けつ》王に手を貸すイカサマ師と同じだ。

現在行われている覇道政治にしがみついて改めようとしなければ、いかなる国の指導者も政権を握っているとはいっても、ほんの一時的なことで、すぐに地位を保ってはいられなくなるのは目に見えているんだよ。

（尽心章句下一）

君《きみ》、道《みち》に郷《むか》わず、仁《じん》を志《こころざ》さざるに、しかもこれがために強戦《きょうせん》せんことを求《もと》む。（告子章句下九）

我《われ》よく君《きみ》のために与国《よこく》を約《やく》し、戦《たたか》えば必《かなら》ず克《か》つ、と。これ桀《けつ》を輔《たす》くるなり。（告子章句下九）

今《いま》の道《みち》により今《いま》の俗《ぞく》を変《へん》ずることなくば、これに天下《てんか》を与《あた》うといえども、一朝《いっちょう》も居《お》ること能《あた》わざるなり。（告子章句下九）

Q13 理想の国

でも、王道政治の国が栄えたということを聞いたこともないし、実行するのは時期尚早《しょうそう》でしょう?

以前、梁の恵王と会った際に、王がこう質問したことがあったんだ。「わたしは国政に心を砕《くだ》いている。隣国の政治を見ていると、わたしのように心を砕いている点はまったく見られない。にもかかわらず、隣国の住民が我が国に移住してきて隣国の人口が減るわけでもないし、我が国の人口が増えるというわけでもない。これはいったい何故なのだろうか?」とね。

そこで、わたしはこう答えてやったのさ。「王様は戦争がお好きなようですから、戦争を例にお答えしましょう。全員

梁《りょう》の恵王《けいおう》曰《いわ》く、寡人《かじん》の国《こく》におけるや、心《こころ》を尽《つ》くすのみ。隣国《りんごく》の政《まつりごと》を察《さっ》するに、寡人《かじん》の心《こころ》を用《もち》うるがごときものなし。隣国《りんごく》の民《たみ》少《すく》なきを加《くわ》えず、寡人《かじん》の民《たみ》多《おお》きを加《くわ》えざるは何《なん》ぞや、と。（梁恵王章句上三）

孟子《もうし》対《こた》えて曰《いわ》く、王《おう》戦《たたか》いを好《この》む。請《こ》う戦《たたか》い

突撃の太鼓が打ち鳴らされて今まさに両陣営が激突しようとした時に、鎧《よろい》を脱ぎ捨て武器を引きずって逃げ出した兵士がいました。この時、五十歩逃げ出した兵士が百歩逃げ出した兵士を見て、『やあい、臆病者』と笑ったとしたら、王様はどうお思いになりますか？」とな。

そうしたら恵王はこう答えたよ。「それはおかしな言いぐさだ。自分だって逃げ出していることに変わりはないではないか」とな。そこで、わたしはすかさずトドメを刺してやったんだ。「王様よ、あなた様にその道理がお分かりなら、ご

をもって喩《たと》えん。塡然《てんぜん》として之れに鼓《こ》し、兵刃《へいじん》すでに接《せっ》す。甲《こう》を棄《す》て兵《へい》を曳《ひ》いて走《はし》る。或《ある》いは百歩《ひゃっぽ》にして後《のち》止《ど》まり、或《ある》いは五十歩《ごじっぽ》にして後止《のちとど》まる。五十歩《ごじっぽ》をもって百歩《ひゃっぽ》を笑《わら》わば、すなわち如何《いかん》と。（梁恵王章句上三）

曰《いわ》く、不可《ふか》なり。これまた走《はし》るなり、と。曰《いわ》く、王《おう》もしこれを知《し》らば、すなわち民《たみ》の隣国《りんごく》

自分の国の人口が増えるのを期待なさいますな」とな。
つまり、王道政治を行っているつもりの恵王も、実際には覇道政治と大差ない政策を行っているのであって、王道政治を本気で行っていなかったのさ。
◎「五十歩百歩」の出典。

より多《おお》きを望《のぞ》むことなかれ、と。（梁恵王章句上三）

賢者や有能者を登用する。市場では、店に課税しても物品には課税しないで物価の安定を図る。関所では、人や物の検査をするが関税は取らないで流通を促進させる。農家の公田には課税するが私田には課税しない。住宅税は取るが付加税は取らない。この五点を実施すれば、隣国の民衆さえ父母のように慕《した》って移住を望むようになるさ。そうした国に隣国の指導者が戦争を仕掛けようとしたところで、兵士さえもが父母のごとく慕っている国を攻めさせて勝てるだろうかね？人類が生まれてこの方そんなことはあったためしがないよ。

賢《けん》を尊《とうと》び能《のう》を使《つか》い、市《し》は廛《てん》して征《せい》せず、関《せき》は譏《き》して征《せい》せず、耕《たがや》す者《もの》は助《じょ》して税《ぜい》せず、廛《てん》は夫里《ふり》の布《ふ》なし。信《しん》によくこの五者《ごしゃ》を行《おこな》わば、すなわち隣国《りんごく》の民《たみ》、これを仰《あお》ぐに父母《ふぼ》のごとからん。その子弟《してい》を率《ひき》となれば、五点を実施している指導者は天下に敵がいないことになる。天下に敵がいなくなるような政策を採《と》れる指導者は、天が民衆に使わした役人、すなわち「天吏《てんり》」と名付けるべき存在なんだよ。

今、世界の政治家の中に仁愛を好む者が出たならば、あらゆる国の民衆は自国から追い立てられたかのごとくに慕いなびくようになるだろうよ。そうなれば、世界の指導者になりたくないと思ったところで、ならざるを得なくなるんだ。一方、仁愛を志《こころざ》すことのない指導者は、生涯、憂《うれ》いと屈辱に取りつかれ、ついには殺されるハメになるものなんだよ。

いて、その父母《ふぼ》を攻《せ》むるは、生民《せいみん》ありて以来《いらい》、いまだ能《よ》くなすものあらざるなり。かくのごとくんば、すなわち天下《てんか》に敵《てき》なし。天下《てんか》に敵《てき》なき者《もの》は、天吏《てんり》なり。（公孫丑章句上五）

今《いま》、天下《てんか》の君《きみ》、仁《じん》を好《この》む者《もの》あらば、すなわち諸侯皆《しょこうみな》これがために敺《か》らん。王《おう》たることなからんと欲《ほっ》すといえども、得《う》べからざるなり。

聖君と呼ばれた文王のような有能な人物が再び出現して王道政治を行うのを見てから、その結果次第で王道政治を実行しても遅くはないと考える政治家や国民は、三流の凡庸《ぼんよう》ボンクラな政治家や国民と言うべきだぞ。真の勇者ならば、文王のごとき偉大な手本などなくても、自ら立ち上がろうとの気概を持って今こそ王道政治へ舵《かじ》を切り替えるべき時なのだ。

苟《いやしく》も仁《じん》に志《こころざ》さずんば、終身憂辱《しゅうしんゆうじょく》して、もって死亡《しぼう》に陥《おちい》らん。（離婁章句上九）

文王《ぶんおう》を待《ま》ちて、しかる後《のち》に興《おこ》る者《もの》は、凡民《ぼんみん》なり。かの豪傑《ごうけつ》の士《し》のときは、文王《ぶんおう》なしといえども、なお興《おこ》る。（尽心章句上一〇）

Q14 リーダーとなる国

でも、やっぱり軍備がなければ不安だし、武力がなければ世界のリーダーになんかなれっこないでしょう？

小国の滕《とう》の国の文公がわたしにこう質問したことがあったよ。「わが国は小国だ。生き延びるためには大国の斉と同盟すべきだろうか、それとも楚と同盟すべきだろうか？」、「斉の兵士が我が国境に近い薛《せつ》の地に砦《とりで》を築こうとしている。わたしは不安でならない。どうしたらよいだろうか？」、「わが国は小国だ。全力を尽くして大国に仕えても圧迫を免れられそうにない。いったいどうしたらよいものだろうか？」と。

　そこでわたしはこうお答えしたよ。「王様よ、あなた様は斉王が斉国の領土内に砦を築くのを止めることなどできっこないとお考えなのでしょう。ならばできないことに関して気を回してビクビク・オドオドなどせずに、腹を据《す》えて善政を行い続けるに限りますよ」とな。

滕《とう》の文公《ぶんこう》問《と》うて曰《いわ》く、「滕《とう》は小国《しょうこく》なり。斉《せい》・楚《そ》に間《かん》す。斉《せい》に事《つか》えんか、楚《そ》に事《つか》えんか」（梁恵王章句下一三）

「斉人《せいひと》まさに薛《せつ》に築《きず》かんとす。われ甚《はなは》だ恐《おそ》る。これを如何《いか》にせば、すなわち可《か》ならん」（梁恵王章句下一四）

「滕《とう》は小国《しょうこく》なり。力《ちから》を竭《つ》くしてもって大国《たいこく》に事《つか》うるも、すなわち免《まぬか》るるをえず。これを如何《いか》にせば、すなわ

今、国の指導者が世界に向かって王道政治を宣言して思いやりのある政策を実施したならば、世界中の役人がその国の政府に仕えたいと願い、世界中の農民がその国で農業をやりたいと願い、世界中の商人がその国でビジネスをしたいと願い、旅行者はぜひともその国へ行きたいと願うようになり、暴君をやっつけたいと願っている各国の民衆は窮状を訴えにその国へ出かけようと思い立つようになるだろう。世界中の者が皆そう願うようになったなら、他国の指導者が武力を差

ち可《か》ならん」と。（梁恵王章句下一五）

孟子《もうし》対《こた》えて曰《いわ》く、「君《きみ》彼《かれ》を如何《いか》にせんや。彊《つと》めて善《ぜん》をなさんのみ」と。（梁恵王章句下一四）

今《いま》、王《おう》、政《まつりごと》を発《はっ》して仁《じん》を施《ほどこ》さば、天下《てんか》の仕《つか》うる者《もの》をしてみな王《おう》の朝《ちょう》に立《た》たんと欲《ほっ》し、耕《たがや》す者《もの》をしてみな王《おう》の野《や》に耕《たがや》さんと欲《ほっ》し、商《しょう》賈《こ》をしてみな王《おう》の市《いち》に蔵《ぞう》せんと欲《ほっ》し、行旅《こうりょ》を

し向けて阻止しようとしたところで、その国が世界の指導者となるのをいったい誰が阻止できるだろうか。できるわけがあるまいよ。

してみな王《おう》の塗《みち》に出《い》でんと欲《ほっ》し、天下《てんか》の其《そ》の君《きみ》を疾《や》ましめんと欲《ほっ》する者《もの》をしてみな王《おう》に赴《おもむ》き愬《うった》えんと欲《ほっ》せしむ。それ是《これ》のごとくんば、孰《たれ》かよくこれを禦《とど》めん。（梁恵王章句上七）

Q15　王道政治　ホントに本当ですか？

王道政治を行っている国を侮辱したり脅《おびや》かしたりできる国はないんだよ。

王道政治を行っている間、国は存続でき、覇道政治を行った結果、国は亡ぶのだ。それが古今東西に共通する人類の歴

よくその国家《こっか》を治《おさ》めば、誰《たれ》か敢《あえ》てこれを侮《あなど》らん。（公孫丑章句上四）

天《てん》に順《したが》う者《もの》は存《そん》し、天《てん》

史だったのだ。
　つまり帰するところはただの一点、王道政治こそが国家存続の究極・最善・最強の唯一の道であるということなのだよ。

に逆《さか》らう者《もの》は亡《ほろ》ぶ。（離婁章句上七）
天下《てんか》の通義《つうぎ》なり。（滕文公章句上四）
その趨《すう》は一《いっ》なり。仁《じん》なり。（告子章句下六）

第六章　結語——誰もが世界を変えられる——

Q1 志を高く持て

何かシメの言葉はありませんか?

誰にせよ、思いやりの精神を広める者は栄え、冷酷非道に陥《おちい》っている者は軽蔑される。軽蔑されるのをイヤがりながら冷酷非道に凝《こ》り固まっている者は、湿気がイヤだと言いながら、わざわざ湿地帯に住み着いているようなものなのだ。

人間として一人前であろうと思うならば、何を心掛けるべきだろうかね? そうだとも、志《こころざし》を高く持つことだよ。志を高く持つというのは、どういうことか分かるかね? そうだとも、思いやりの流れに沿って、正義の大道を歩むことに尽きるんだよ。

仁《じん》なればすなわち栄《さか》え、不仁《ふじん》なればすなわち辱《はずか》しめらる。今《いま》、辱《はずか》しめらるるを悪《にく》んで不《ふ》仁《じん》に居《お》るは、これなお湿《しつ》を悪《にく》んで下《ひく》きに居《お》るがごとし。（公孫丑章句上四）

士《し》は何《なに》をか事《こと》とする。志《こころざし》を尚《たか》くす。何《なに》をか志《こころざし》を尚《たか》くすと謂《い》う。仁義《じんぎ》のみ。（尽心章句上三三）

Q2 この時を然《しか》りとなす

最後に背中をもう一押ししてくれませんか？

子《し》力《つと》めてこれを行《おこな》わば、またもって子《し》の国《くに》を新《あら》たにせん。（滕文公章句上三）

古《いにしえ》の人《ひと》、大《おお》いに人《ひと》に過《す》ぎたる所以《ゆえん》のものは、他《た》なし。善《よ》くそのなすところを推《お》すのみ。（梁恵王章句上七）

ただこの時《とき》を然《しか》りとなす。（公孫丑章句上一）

一遊《いちゆう》一豫《いちょ》、諸侯《しょこう》の度《ど》となる。（梁恵王章句下四）

いいかね、君が踏み出そうと決心しさえすれば、君は、一国を一新することができるんだよ。

昔の人が今の人より優れていた点があったとすれば、それは他でもない、自分がやろうと決意した善事を愚直《ぐちょく》に押し広める根気をもっていた点だ。疑念や恐れを捨てて、さあ決心したまえ、今こそ君が立ち上がるべき時なのだ。君が一歩歩《あゆ》み出せば、君は君に続く者の手本となり、世界を確実に一歩分だけ王道世界へ近づけることができるのだから！

豆知識8

戦国時代に覇道政治＝権力政治《パワーポリティクス》を推し進めた最たる国は秦だった。

秦が強国になるきっかけをつくったのは商鞅《しょうおう》である。彼は徹底した法家の政策を実施し、法律に従わない者を厳罰に処した。五戸を一組にして互いに監視させて密告を奨励し、戦場にもともに行かせ、一人でも卑怯な振る舞いをすると連帯責任で五戸全員を処刑した。このため秦では戸締まりをしなくてすむほど治安が良くなり、戦場では尻込みする兵士がいなくなった。

しかし、それは罰せられるのが怖《こわ》いからしているだけで、商鞅を庇護《ひご》していた君主が死ぬと商鞅に対する怨みが噴出し、商鞅は一族もろとも車裂きの刑で殺されてしまった。

孟子が思想を形成中の三〇代前半の出来事である。

孟子の死後七〇年ほどして、秦は再び猛烈な覇道政治を行って天下を統一するのだ。秦王は王などという称号は威圧感がないからと学者に命じて皇帝という称号を創らせて始皇帝と名乗り、以降は二世皇帝・三世皇帝・・・万世皇帝と名乗るよう命じた。

それまで王は謙遜して自分のことを徳が薄いという意味の「寡人《かじん》」と称していたが、始皇帝は「朕《ちん》」という自称を用いた。

雲の上のかすかにしか拝めない存在という意味である。

始皇帝は強圧的な政策を次々に実施したが、全国を統一した一一年後に病死し、帝国はその後四年ももたずに滅亡してしまった。孟子が予見した通りの覇道国家の末路だった。

付録

本書の冒頭でも触れたように、四書の『大学』と『中庸』の内容は『孟子』の主張と極めて近い。『中庸』は孔子の孫の子思《しし》によって書かれ、孟子は子思の門人に学んだという記事が司馬遷の『史記』にあり、永らくそう信じられてきたが、これも『中庸』と『孟子』の主張の類似性のためだったろう。『大学』は二〇〇〇文字に、『中庸』は四〇〇〇文字に満たない小編であり、その成立過程や年代に関しては諸説あるが、ここでは両書の中から現代に通ずる章句を幾つか抜き出して紹介しておこう。

『大学』

天下に輝かしい徳を押し広めようと望む者は、まず国を安らかに治めることを心掛けるものだ。国を安らかに治めようとする者は、まず家庭を和合させる。家庭の和合を心掛ける者は、まず自分自身が穏やかであるように修養する。我が身の修養を心掛ける者は、まず自分の心を偏《かたよ》らせず正しく保とうとする。自分の心を正しく保とうとする者は、意識を明白にしようとする。意識を明白にしようとする者は、知識を豊富にするよう努める。知識を豊富にするには、物事をしっかりと観察するに尽きる。

古《いにしえ》の明徳《めいとく》を天下《てんか》に明《あき》らかにせんと欲《ほっ》する者《もの》は、先《ま》ずその国《くに》を治《おさ》む。その国《くに》を治《おさ》めんと欲《ほっ》する者《もの》は、先《ま》ずその家《いえ》を斉《ととの》う。その家《いえ》を斉《ととの》えんと欲《ほっ》する者《もの》は、先《ま》ずその身《み》を修《おさ》む。その身《み》を修《おさ》めんと欲《ほっ》する者《もの》は、先《ま》ずその心《こころ》を正《ただ》しくす。その心《こころ》を正《ただ》しくせんと欲《ほっ》する者《もの》は、先《ま》ずその意《い》を誠《まこと》にす。そ

物事をしっかり観察すれば、知識が豊富になる。知識が豊富になれば意識は明白になる。意識が明白になれば心が偏らない。心が偏らなければ、我が身の行動も穏やかになる。我が身の行動が穏やかであれば家庭も和《なご》やかになる。家庭が和やかになれば、国も安らかに治まる。国が安らかに治まれば、世界平和も実現する。

の意《い》を誠《まこと》にせんと欲《ほっ》する者《もの》は、先《ま》ずその知《ち》を致《いた》す。知《ち》を致《いた》すは、物《もの》を格《ただ》すにあり。（第一段第二節）

物《もの》格《ただ》しくして后《のち》知《ち》致《いた》る。知《ち》致《いた》りて后《のち》意《い》誠《まこと》なり。意《い》誠《まこと》にして后《のち》心《こころ》正《ただ》し。心《こころ》正《ただ》しくして后《のち》身《み》修《おさ》まる。身《み》修《おさ》まりて后《のち》家《いえ》斉《ととの》う。家《いえ》斉《ととの》いて后《のち》国《くに》治《おさ》まる。国《くに》治《おさ》まりて后《のち》天下《てんか》平《たい》らかなり。（第一段第二節）

一人前の人間たる者は、我が身を大切にして、さらに善くするよう心掛けるものだ。

政治家は道義を中心として遵守《じゅんしゅ》すべきである。道義が幹で、経済は枝葉である。それを取り違えて損得を優先させれば、国民を争わせて物の奪い合いに追いやってしまう。

だから、国は財貨が多いのを利益と言わずに、道義が行き渡っていることを利益が上がっていると言うのだ。

君子《くんし》は必《かなら》ずその独《ひと》りを慎《つつし》む。（第二段第一節）

君子《くんし》は先《ま》ず徳《とく》を慎《つつし》む。徳《とく》は本《もと》なり。財《ざい》は末《すえ》なり。本《もと》を外《そと》にして末《すえ》を内《うち》にすれば、民《たみ》を争《あらそ》わして奪《だつ》を施《し》く。（第六段第二節）

これ国《くに》は利《り》をもって利《り》となさず、義《ぎ》をもって利《り》となすと謂《い》うなり。（第六段第四節）

◎国民の福祉のために財政があるのであって、財政の建て直しのために国民の福祉が犠牲にされるのは本末転倒である。

『中庸』

人が歩むべき道は、実行不可能なものではない。これが人が歩むべき道だと指し示しておきながら、それがあまりに理想的でありすぎるならば、それは人類普遍の道にはなりえない。

道理の分かった者が指し示す道は、たとえば遠方へ行くのに必ず近い所から出発し、高い山に登るのに必ず低い所から歩み出すように、万人にとって無理のないものである。

道《みち》は人《ひと》に遠《とお》からず。人《ひと》の道《みち》となして人《ひと》に遠《とお》ければ、もって道《みち》となすべからず。（第三段第一小段第一節）

君子《くんし》の道《みち》は、たとえば遠《とお》きに行《ゆ》くに、必《かなら》ず邇《ちか》きよりするが如《ごと》く、たとえば高《たか》きに登《のぼ》るに、必《かなら》ず卑《ひく》きよりするが如《ごと》し。（第三段第二小段第一節）

◎あまりに高邁な理想には、無理やウソが潜んでいる。

そもそも世界や国家を治めるには、九つの原則がある。まずは国家の指導者が自らの修養に励むことである。賢者を尊ぶことである。親族との親愛を高めることである。大臣を敬うことである。臣下を丁重に扱うことである。国民をいたわることである。労働者をねぎらうことである。外国人を慕い寄らせることである。国内の諸侯を安心させることである。

凡《およ》そ天下国家《てんかこっか》を為《おさ》むるには、九経《きゅうけい》あり。曰《いわ》く、身《み》を修《おさむ》むるなり。賢《けん》を尊《とうと》ぶなり。親《しん》を親《した》しむなり。大臣《だいじん》を敬《けい》するなり。羣臣《ぐんしん》を体《たい》するなり。庶民《しょみん》をいつくしむなり。百工《ひゃっこう》をねぎらうなり。遠人《えんじん》を柔《やわ》らぐるなり。諸侯《しょこう》をやすんずるなり。（第三段第三小段第二節）

外国人を慕い寄らせれば、四方の国々も友好を示すようになり、国内の諸侯を安心させれば国内は信頼関係で満ち、敵が付け入る隙もなくなり、諸外国も畏《おそ》れはばかって攻め込もうなどという気を起こさなくなる。

誠は、天然自然の大法則である。だから我が身を天然自然の大法則である誠に沿わせるように勉めるのは、人間として当然な行為である。

優れた才能の持ち主が一度でできることなら、自分は百回繰り返してでもできるようにし、優れた者が十回でできることなら、自分は千回繰り返してでもできるように努力する。その心構えで励めば、どんなに才能が乏しい者でも必ず明智の人となり、どれほど軟弱な者でも必ず勇者となって、誠を体得できるようになるものだ。

遠人《えんじん》を柔《やわ》らぐれば、すなわち四方《しほう》これに帰《き》す。諸侯《しょこう》をやすんずれば、すなわち天下《てんか》これを畏《おそ》る。（第三段第三小段第二節）

誠《まこと》は、天《てん》の道《みち》なり。これを誠《まこと》にするは、人《ひと》の道《みち》なり。（第四段第一小段）

人一《ひとひと》たびにしてこれを能《よ》くすれば、己《おのれ》はこれを百《ひゃく》たびす。人十《ひとと》たびにしてこれを能《よ》くすれば、己《おのれ》はこれを千《せん》たびす。果《は》たしてこの道《みち》を

能《よ》**くすれば、愚**《ぐ》**といえども必**《かなら》**ず明**《めい》**、柔**《じゅう》**といえども必**《かなら》**ず強**《きょう》**たり。**（第四段第一小段）

参考書『大学中庸』服部宇之吉・校訂　明治四二年　冨山房
『大学・中庸』（四二版）赤塚忠・著　平成一六年　明治書院
章建ては後書に拠った。

豆知識9

『論語』は朱子学と、『孟子』は陽明学と結びつけられ、朱子学は思弁哲学、陽明学は行動哲学とみなされがちだが、朱熹《しゅき》（＝朱子、一一三〇～一二〇〇年）や王陽明（一四七二～一五二八年）の本来の主張はそう単純に割り切れるものではなかった。

朱子学のキーワードの「格物致知《かくぶつちち》」は、『大学』にある八条目「格物」「致知」「誠意」「正心」「修身」「斉家」「治国」「平天下」の最初の二つの条目を合わせたもので、朱子はこれを「知を致《いた》すは、物に格《いた》るにあり」と読んで、宇宙の大法則である「理」はあらゆる事物に宿っているから事物をじっくりと観察することが知識を完全にする方法であると説いた。近代科学的な主張だったのだ。

一方、王陽明は「知を致《きわ》むるは物を格《ただ》すにあり」と読み、物事の善悪を正すことが最高知に致る第一歩であると主張したのだ。陽明学のキーワードは「知行合《ちこうごう》一《いつ》」で、現在では「知識だけでなく行動を伴わなくてはダメだ」と解釈されているが、元来は「人間は知識を得て行動するのか、それとも行動によって知識を得るのか?」という疑問に対する王陽明の回答であって、どちらが先でも後でもなく同時だという意味である。

朱子は人間の外にあって人間を支配する法則＝理を重んじ、王陽明は「心即理」を唱えて「心」を重視している。行動派というよりむしろ思弁派だったのだ。

さて、この二人が「理」「気」「性」「心」などを問題にしているのは、『孟子』の「公孫丑章句」や「告子章句」で討論されている認識論の影響だった。

あとがき

孟子は、まるで現在の日本や世界を見据えたような発言をしているが、それは彼の故国である鄒《すう》が現在の日本と同じような立場に置かれていたのと、孟子が生きた時代が現在の世界に酷似した状態だったためである。

孟子の主張は、しばしば実現困難な理想論と誤解されているが、孟子の農業政策は後の中国の統一王朝が基本政策として取り入れているほど現実的で地に足の着いたものだったのだ。「まえがき」でも述べたように戦国時代の弱小国の滕《とう》でも実践可能な政策だったのである。

秋葉原の無差別殺傷犯の若者は、「車で人を撥《は》ねた後のことはよく覚えていない」と供述しているが、非行や犯罪を犯す時、人は文字通り我を忘れているのだ。それを孟子は「自暴自棄」と表現し、人間が自らの心を見つめ、自らの心と対話することの重要性を繰り返し説いている。と同時に、国民を自暴自棄に追いやる思いやりのない政治と政治家とを完膚無きまでに糾弾している。現在の日本と同様に孟子が生きた時代も、財政的に福祉と軍事の両立は不可能だった。そこで各国の王は福祉を切り捨て軍事の拡張政策＝覇道政治に走ったが、孟子は福祉の拡張＝王道政治を唱えて覇道政治に敢然と異議を唱えたのだ。結果は、孟子の予想通り、覇道政治を選択した国はことごとく滅亡した。にもかかわらず、二千数百年後の現在の政治家たちはなお覇道政治にしがみついて軍事力の強化によって国威を発揚できると思い込んでいるのだ。

今後の世界はいずれの国でも長寿高齢化と少子化を迎えるだろう。日本は世界に先駆けてその道を歩んでいるのだ。ということは、少子高齢化は日本に降りかかった災難などではなく、日本が世界の手本になれる絶好のチャンスなのだ。世界基準を提出できた国が世界のリーダーになれるのである。にもかかわらず、我が国では若者から老人までもが悲観主義に陥《おちい》って、ひたすら焦燥と絶望感を増殖させている有り様だ。日本人は心の病に罹《かか》っている。しかし現実には、心そのものが病んでいるのではなく、心のパワーを見失っているだけのことである。心のパワーを見失わせている元凶こそ覇道政治なのだ。それが孟子の主張である。本書によって一人でも多くの読者が、心の本来のパワーに目覚め、覇道政治を笑い飛ばして王道政治の拡張に尽力するよう願っている。それだけが人類に残された唯一無二の生き残りの道であるのだからだ。

◎本書を書くに当たっては、主として以下の三書を参考にしました。各著者に篤く感謝の意を表します。

『孟子』服部宇之吉・校訂　明治四二年　冨山房
『世界の名著・孔子孟子』貝塚茂樹・責任編集　昭和四一年　中央公論社
『新釈漢文体系4・孟子』（五三版）内野熊一郎・著　平成一七年　明治書院

佐久　協

キリトリ線

★読者のみなさまにお願い

この本をお読みになって、どんな感想をお持ちでしょうか。次ページの「100字書評」（原稿用紙）にご記入のうえ、ページを切りとり、左記編集部までお送りいただけたらありがたく存じます。今後の企画の参考にさせていただきます。また、電子メールでも結構です。

お寄せいただいた「100字書評」は、ご了解のうえ新聞・雑誌などを通じて紹介させていただくこともあります。採用の場合は、特製図書カードを差しあげます。

なお、ご記入のお名前、ご住所、ご連絡先等は、書評紹介の事前了解、謝礼のお届け以外の目的で利用することはありません。また、それらの情報を六カ月を超えて保管することもありません。

〒一〇一―八七〇一　東京都千代田区神田神保町三―六―五　九段尚学ビル
祥伝社　書籍出版部　祥伝社新書編集部
電話〇三（三二六五）二三一〇　E-Mail : shinsho@shodensha.co.jp

★本書の購入動機（新聞名か雑誌名、あるいは○をつけてください）

＿＿＿新聞の広告を見て	＿＿＿誌の広告を見て	＿＿＿新聞の書評を見て	＿＿＿誌の書評を見て	書店で見かけて	知人のすすめで

★100字書評……「孟子」は人を強くする

名前

住所

年齢

職業

佐久　協　さく・やすし

1944年、東京都生まれ。慶応義塾大学文学部卒業後、同大学院で中国文学・国文学を専攻。大学院修了後、慶応義塾高校で教職に就き、国語・漢文・中国語などを教える。同校生徒のアンケートで最も人気のある授業をする先生として親しまれてきた。『高校生が感動した「論語」』（小社新書）は多くの読者に歓迎され、ロングセラー。『ビジネスマンが泣いた「唐詩」一〇〇選』『日本一愉快な国語授業』『これが中国人だ！』（共に小社新書）も好評発売中。

「孟子《もうし》」は人《ひと》を強《つよ》くする

佐久《さく》　協《やすし》

2008年10月5日　初版第1刷発行

発行者……………深澤健一
発行所……………祥伝社しょうでんしゃ
〒101-8701　東京都千代田区神田神保町3-6-5
電話　03(3265)2081(販売部)
電話　03(3265)2310(編集部)
電話　03(3265)3622(業務部)
ホームページ　http://www.shodensha.co.jp/
装丁者……………盛川和洋
印刷所……………堀内印刷
製本所……………ナショナル製本

造本には十分注意しておりますが、万一、落丁、乱丁などの不良品がありましたら、「業務部」あてにお送りください。送料小社負担にてお取り替えいたします。

Printed in Japan　ISBN978-4-396-11129-8　C0298

〈祥伝社新書〉好評既刊

001 抗癌剤 知らずに亡くなる年間30万人 平岩正樹

002 模倣される日本 映画、アニメから料理、ファッションまで 浜野保樹

003 「震度7」を生き抜く 被災地医師が得た教訓 田村康二

024 仏像はここを見る 鑑賞なるほど基礎知識 瓜生《うりゅう》 中《なか》

035 神さまと神社 日本人なら知っておきたい八百万《やおよろず》の世界 井上宏生

042 高校生が感動した「論語」 佐久 協《やすし》

044 組織行動の「まずい!!」学 どうして失敗が繰り返されるのか 樋口晴彦

052 人は「感情」から老化する 前頭葉の若さを保つ習慣術 和田秀樹

062 ダ・ヴィンチの謎 ニュートンの奇跡 「神の原理」はいかに解明されてきたか 三田誠広

063 1万円の世界地図 図解 日本の格差、世界の格差 佐藤 拓

074 間《ま》の取れる人 間抜けな人 人づき合いが楽になる 森田雄三

076 早朝坐禅 凛《りん》とした生活のすすめ 山折哲雄

081 手塚治虫「戦争漫画」傑作選

082 頭がいい上司の話し方 樋口裕一

086 雨宮処凛《かりん》の「オールニートニッポン」

087 手塚治虫「戦争漫画」傑作選Ⅱ

093 手塚治虫傑作選「瀕死《ひんし》の地球を救え」

095 デッドライン仕事術 すべての仕事に「締切日」を入れよ 吉越《よしこし》浩一郎

099 御社の「売り」を小学5年生に15秒で説明できますか? 松本賢一

101 戦国武将の「政治力」 瀧澤 中《あたる》

102 800字を書く力 小論文もエッセイもこれが基本! 鈴木信一

103 精神科医は信用できるか 「心のかかりつけ医」の見つけ方 和田秀樹

104 宮大工の人育て 木も人も「癖」があるから面白い 菊池恭二

107 プロフェッショナル 仁志敏久

108 手塚治虫傑作選「家族」

109 「健康食」はウソだらけ 三好基晴

111 超訳『資本論』 的場昭弘

112 登ってわかる富士山の魅力 伊藤フミヒロ

113 これが中国人だ! 日本人が勘違いしている「中国人の思想」 佐久 協《やすし》

114 強運になる4つの方程式 もうダメだ、をいかに乗り切るか 渡邉美樹

115 老いない技術 元気で暮らす10の生活習慣 林 泰史《やすふみ》

116 「教育七五三」の現場から 高校で7割・中学で5割・小学校で3割が落ちこぼれ 瀧井宏臣

117 この「社則」、効果あり。 柳澤《やなぎさわ》大輔

118 書き込み式 自分史サブノート 岳《がく》 真也

119 「チベット問題」を読み解く 大井 功

120 感情暴走社会 「心のムラ」と上手につきあう 和田秀樹

121 「自分だまし」の心理学 菊池 聡

122 小林多喜二名作集「近代日本の貧困」

123 現代語で読む「江戸怪談」傑作選 堤 邦彦

124 日本消滅(ジャパン・ナッシング) IT貧困大国・再生の手だて 牧野二郎

125 それでも改革はやまぬ 風吹かば吹け、波立てば立て 武部勤と「新しい風」

以下、続刊